九州の百年企業 Ⅱ

田中滋幸

海鳥社

まえがきにかえて

令和五年（二〇二三）内に、全国で二六四九社が創業一〇〇周年を迎えるといいます（東京商工リサーチ調べ）。そのうち、一七三社が九州の企業です。

一〇〇年前の大正一二年（一九二三）といえば、九月一日に関東大震災が発生しています。この年に創業した各社は、震災恐慌、世界恐慌、第二次世界大戦という激動の時代を乗り切り、社歴を刻むことで、創業一〇〇周年という一つの区切りの年を迎えているのです。

「企業の成り立ちには、それぞれドラマがあります。それらの企業は、ただ古い暖簾を守り続けてきたというわけではありません。明治維新、二つの世界大戦など激動の時代の荒波を乗り切る〝経営の秘訣〟があればこそ、今日でもその業績を重ねているのです」。前著『九州の百年企業』の「はじめに」でも書きましたが、そのたくましい企業生命力を支えている〝経営の知恵〟を探りたいと思い、百年超企業のトップの方々に直接会って話を聞く試みの続編です。

ひと口に百年超企業のトップといっても、受け継いだ事業を継続し、次世代に渡すことに知恵を絞る人もいれば、事業の拡大、拡張に情熱を傾ける人もいます。一人ひとり、その関心と取り組み方には大きな違いがあります。ですから、私の興味も尽きることがありませんでした。

季刊誌『西日本文化』（一般財団法人西日本文化協会発行）連載、聞書「九州の老舗」シリーズ「百年超企業・長寿の知恵」で紹介した二三社をまとめました。役職、事業内容など掲載時期と現在とでズレが生じている箇所もありますが、原則、原稿内容などは季刊誌発行時のものです。ご了承をお願いいたします。

令和五年（二〇二三）七月

田中滋幸

目次

しばた洋傘店

新天町商店街とともに
その歩みを重ねる

博多で洋品と洋傘の店を創業

創業者の柴田嘉三郎（かさぶろう）は私の祖父になるのですが、北九州の遠賀（おんが）地区の農家の生まれです。若いころ博多で働く兄を頼ってこのまちに来ています。自らも洋品店で修行していたようです。

店の創業は明治三九年（一九〇六）としています。これは祖父と祖母の日記が残っており、そのなかに博多部の古門戸町で洋品と洋傘を商う店を営んでいたことが記述されているからです。祖母のテフは着物や絞りを扱う「肥後屋」という屋号の店の娘だったのですが、結婚して店を手伝っています。

――古代から、傘は高貴な人々を強い日差しから守ることに

◎語り人
社長　柴田嘉和さん
（しばた・よしかず）
◎プロフィール
昭和21（1946）年10月、福岡市生まれ。福岡県立修猷館高校―慶應大学商学部卒。大学時代は放送研究会劇団部に所属し、ラジオドラマに出演。「老人役の声優が多かったですね（笑）」。「博多21の会」や「博多商人塾」の活動を通して、博多商人の立場から地域の活性化に貢献する。

企業DATA
社　　名：株式会社しばた洋傘店
創 業 年：明治39（1906）年
住　　所：福岡県福岡市中央区天神2-8-132
電　　話：092-741-1771

その目的があったという。と同時に、権威の象徴でもあったようだ。英語のアンブレラ（Umbrella）はラテン語のウンブラ（Umbra）からきている。その意味は〝日陰〟あるいは〝蓋うもの〟であり、それがイタリア語でOmbrella（日傘）になり、英語のアンブレラとなったのだ。そして、英語でアンブレラといえば、一般には雨傘を意味している。

　その後、店は同じ博多部の掛町に移っています。掛町というのは、明治通りと昭和通りに挟まれた、現在は博多座や福岡アジア美術館などが建つ下川端町の区画内です。下川端町は昭和四七年（一九七二）四月、福岡市が政令指定都市となり町名・町界が改変されるまで、掛町のほか、川端町、下新川端町、麴屋町、行町、片土居町、下土居町から構成されていました。

　隣接する同じ博多部の中間町（現・綱場町）に店舗をかまえていた時期もあるようですが、昭和七年には、中央区内の唐人町商店街に移転しています。この年は前年に満州事変が起こり、国内では犬養毅首相が暗殺される五・一五事件が発生するなど政情が落ち着かない時期です。店の移転について、その理由はよく分かりません。ですが、当時の博多を代表するにぎやかな商店街から移っていますから、何か経営上の問題があったのではと推測しますね。

洋傘がわが国に渡来したのは、文化元年（一八〇四）という。長崎に入港した唐船の船載品目に「黄とんす傘一本」という記述が残っているのだ。高級絹織物の洋傘が輸入された記録としては最も古いものである。本格的な輸入が始まるのは安政六年（一八五九）からである。米、英、露、独など計六カ国と締結した修好通商条約がこの年に発効したのを受け、イギリス商人の手によって国内に持ち込まれたと伝わる。ここから洋傘の輸入本数は年々増加の一途をたどるのだが、この時代、洋傘はいわゆる舶来品であり、まだまだ高嶺の花。一部の武家や医師、洋学者などが使用していた程度で、庶民には手の届かない高級品だった。

ただし、江戸幕府の鎖国政策中も長崎・出島だけは外国船の出入りが許されており、ポルトガルやイギリスなどの商人が貿易で来日していた。「正式な輸入買い上げ品の洋傘はいったん大阪に運ばれ、そこから江戸や京都などに出回ったと伝わっていますが、一部の洋傘が長崎からそのまま出回ったとしても不思議ではないでしょうね。それは長崎市内に歴史の古い洋傘店があることからも推測できますよね」（柴田さん）

明治に入って輸入文化の舶来嗜好とともに洋傘もイギリスなどの欧州各国から輸入されていた。さらに、明治一四年には、東京・本所に材料を輸入して洋傘をつくる加工会社が設立されている。その後、洋傘の純国産化が実現されるのは、明治二二〜二五年ごろ。親骨の焼き入れができるようになり、材料調達から完成品の製作までを国内でできるようになった。

価格も、それまで輸入していた洋傘の約五分の一にまで下がったという記録もある。欧風文化の広まりという時代の流れを追い風に、洋傘の国内の需要もよりいっそう拡大していったのだ。

明治時代の話ですが、大阪の洋傘とショールを扱う組合の名称は、「舶来物品模造商組合」を名乗っていたと聞いています。洋傘は、

昭和 36 年ごろのしばた洋傘店

もともと輸入傘の模造品だったのです。いかにすぐれた模造品をつくるか。そのことに、誇りをもって取り組んでいた時代があったということなんでしょうね。

わが国の特許制度は明治一八年に始まっているのですが、なんとその五年後の明治二三年には折り畳み式こうもり傘と傘自動開（現在のジャンプ傘の先駆）の特許登録が申請されているというから驚きですよね。日本人の研究熱心と技術の高さは現在も続いており、日本の傘は品質においても、デザインにおいても、世界最高水準だと私は思っています。傘は骨屋、手元屋、生地屋とそれを組み立てる共同制作製品。それぞれの分野の材料がマッチしてはじめて美しいハーモニーを奏でるものなのです。

洋傘は、「こうもり傘」とも呼ぶ。その語源は、「傘をかぶる」が「こうむる」となったなどの複数の説がある。ペリーが来航した際、持ち込んだ洋傘を「その姿、蝙蝠（こうもり）のように見ゆ」と比喩したことから生まれたという説も伝わる。

新天町商店街への出店

父の和作（わさく）は家業を継ぐため、男子高等小学校を卒業するとすぐに大阪の洋傘製造卸問屋に丁稚奉公に出ています。努力家の父はここで店主に認められ、店の印鑑を預かるまでになっていたようです。戦時中は徴兵を受け、北支（現在の中国北部）の戦場に出兵。終戦で帰国後、創業当初に博多部で商売していたという縁もあって当時の商売仲間の方々から、新たに創業する新天町商店街への出店の誘いを受けています。

唐人町商店街の店は祖母が守り、父は新天町の新店舗で商売を始めることになります。私は昭和二一年（一九四六）一〇月の生まれですが、新天町もまた同じ年の同じ月に落成しています。店舗の奥には調理するかまどと六畳間があり、その一間で父と母、それに姉と私の親子四人で寝起きする新たな生活が始まることになったのですね。そうそう、父は当時三一歳で新天町では最若手の店主だったと聞いています。

新天町商店街は、木造瓦ぶき二階建てが東西に四列、一二棟の町並み。大空襲で焼け野原となった当時の天神町だったが、「まちに活気と笑顔を取り戻そう」と博多部の老舗の商店主たちが結集し、商店街創立準備委員会が立ち上がった。入居店舗を募集したところ、応募が殺到。その総数は六〇〇店にものぼった。そのなかから資金状況や業種のバランスなどが考慮され、最終的に七八店舗が選び出されたのだ。

商店街の命名を託されたのは、川柳作家でもあった安武孝一氏（るぷり孝店主）。安武氏は筆で大きく「新天神町」と紙に書くと三文字目の「神」を手のひらで伏せた。親しみやすく呼びやすい、新しい天神のまちの名称に皆から賛同の声が上がった、というエピソードが残っている。こうして、「新天町」商店街は誕生している。

新天町は、創業から四年後の昭和二五年には全店舗一斉の大改装に踏み切っている。延べ二八八メートルという大規模なアーケードは、西日本初。一八〇〇枚の網入り特殊ガラスでつくられた天

開店当初は、和傘も並ぶ（昭和25年ごろ）

井から、明るい光を取り込む。買い物客をまぶしく包みこみ、「降っても照っても新天町」の名キャッチフレーズがこのとき生まれた。「総二階建てで、一階の奥と二階部分が住居部分でした。西公園そばに新築した家に引っ越す昭和三〇年までは、この商店街のなかで暮らしていました」（柴田さん）

毛皮の専門店を開店

私は大学を卒業後、傘屋を継ぐにしてもファッションの知識が必要だろうということで横浜一の商業地・元町商店街にある婦人服専門店に二年ほど勤めました。この店では仕入れを担当しましたが、ここでの経験が帰福後、福岡市内では初めての毛皮専門店を開店させることにもつながったと思いますね。

毛皮はもともと洋傘ショール業界が扱っていた商品ですから、当店でも私が子どものころから売っていました。洋傘とショールはともに季節商品です。主に春夏商品である傘、その閑散期の売り上げを落とさないために、秋冬商品のショールを同じ店で商っていたのでしょうね。ともあれ、剝製（はくせい）屋さんは別にして、早い時期から福岡で扱っていたのは百貨店と当店だけでした。昭和三四年（一九五九）に皇太子（現在の上皇）が御結婚されていますが、パレードで美智子妃が毛皮のショールを肩におかけになられていました。このショールが洋傘ショール業界の商品だったのです。これをきっかけに毛皮ショールが一般女性の憧れ商品となり、爆発的に売れることになるのですよね。

帰福して四年後の昭和五二年に父が脳梗塞で倒れました。まだ六二歳の若さでした。父は不自由になった右手を補うため左手で字を書く練習をするなど三〇年あまりリハビリ生活を送りましたが、残念ながら仕事に復帰することはできませんでした。父の発病は突然のことで、私は母・慎子（しんこ）と一緒に店を切り盛りすることになります。

「母の父親は僧侶であり、俳人だった河野静雲という人物です。生まれた環境もあって、母は商売人を自分とは別世界の人間と見ているような人でした。商売人というより職人気質の強い父とこの母の間に生まれた私には、商売よりは人とのつながりを第一に考えるところがありますね。商売人になりきらんというか、儲かりきれないですもんね」と、柴田さんは苦笑した。

静雲は福岡市官内町（現・福岡市博多区中呉服町）にある「一行寺」に生まれ、幼いころに時宗「称名寺」住職河野智眼の養子となっている。時宗総本山執事、宮城県亘理町の「専念寺」住職などを歴任する一方で、俳句を高浜虚子に師事。博多俳人の指導にもつとめた。昭和一六年には県下五誌合併の俳誌『冬野』の主宰となっている。また、昭和二四年、筑紫郡太宰府町（現・福岡県太宰府市）観世音寺に「花鳥山仏心寺」を開山している。昭和四九年、八六歳で死去。句風は、滑稽味にあふれ、軽妙であったという。

2階に毛皮売り場を開設（昭和50年ごろ）

「句碑は全国各地に一三〇基以上立っていると聞いています。私が好きなのは静雲がまだ若いころの句で、『水仙の花饒舌を好まず』です。祖父がおしゃべり好きな人と会ったあと、〝よーしゃべらっしゃーね〟と言って呆れ顔をしていたことを思い出すからです」（柴田さん）。

私が帰福して店頭に立った当時は高度成長期の真っ最中で、景気はまだまだ上向きでした。ですから、手間暇をかけて大変な傘の修理をするより、一本でも多く売った方が商売としてはうまくいくのではないか。効率的な商売を考え、当店で買っていただいた傘以外は一時期ですが修理を受けなくなったことがあります。

その後、ビニール傘が売り出されるなど、傘業界も競争が激しくなっていきました。現在、日本国内での傘の年間消費本数は約一億三千万本を数えますが、そのうちの約一億本は、中国や台湾、あるいは東南アジアの国々でつくられたもので、安価です。とは言え、当店の強みを見つめ直すなかで、修理ができる技術をもっているということの大切さに気付きました。今は修理の注文はすべて受けていますから、毎日常時四、五本は持ち込まれますね。

傘はデリケートな商品です。お客さまには壊れず、長持ちする使い方を提案しています。まず使うときはやさしく開くことが大切です。たたむときも水を切って、やっぱりやさしく閉じて欲しい。そして使用後は必ず陰干しをお願いしたいですね。

顧客の立場に立つ商売実践

柴田家に代々伝わる教えですか？　まずは、何事においても「正直であれ」ですね。それから商売に関しては、「お客様のために悪いものは扱わない」ということでしょうか。お客さまのために、なるかどうか。それを何よりも優先するということです。消費者の立場に立つことで、これまでもメーカーとはよくケンカしました。手を抜いた商品を送ってきたメーカーは、即刻取引を止めたこともあります。

「傘屋を継ぐことは、本当はいやだった」と振り返る柴田さん。「小学校時代の話ですが、雨が降り出すと友だちに〝おまえのところは、儲かりよるよ〟と冷やかされることが苦痛でしたし、私自身も人の弱みに付け込んで商売しているという感じというか、思いが子どものころからありましたからね」

それが変わったのは、大学時代に同郷の友人に誘われて友人の叔父さん宅を訪問したときに、その叔父さんに言われた一言だったと振り返る。「『しばた洋傘店』があるけん、福岡の人たちはちゃんとした傘が買えている。あなたのお店の商売は、人助けしているんだよ」

「商売で人助けができる」。この言葉が、家業を継ぐ決心をさせたのだ。「それに加えて、昭和四六年（一九七一）にショッパーズダイエー福岡が進出して、いわゆる第一次天神流通戦争が始まっていました。新天町はお客さんを取られているだろうし、お店も売上げが落ちて大変だろう。自分が帰って何とかしなくてはという気持ちもありましたね」

「傘専門店」のありかた模索

後継者ですか？　今年三七歳になる息子の篤志（あつし）が継いでくれそうです。大学は工学部で機械を専攻して一時はその関連会社に勤めに出ていたのですが、七、八年前から店頭に立ってくれています。傘屋を継ぐと同時に、同じ世代も多い、新天町に帰ってきたいということでしょうね。

全国各地の商店街では空き店舗が深刻な問題となっていますが、新天町には今のところ空き店舗はありません。私は〝新天町の語り部〟として、他の商店街の方々などに、その成り立ちなどを話す機会があります。新天町は設立時、ここに商店街をつくるということをまず決定し、入る業種を決め、そしてお店を選んでいきました。いわゆるディベロッパー型のショッピングセンターの走りみたいなものです。しかも、人のつながりができているところに始まりがあった。買い物客が絶えない福岡・天神にある商店街というだけでなく、人間関係が深い新天町で商売しているからこそ、この店も今日まで続けてこられている、という思いが私にはあります。

昭和二一年（一九四六）に博多どんたくが復活して以来、新天町商店街店主は、毎年五月開催のどんたくに参加する。そのキャチフレーズは、「親子・まご。三代そろって新天町」。商店街の店主とその家族や従業員など一五〇人あまりで構成された「通りもんスタイル」の古典どんたく隊だ。伝承の「三十三羽鶴」の華麗な踊りと「男三味線三〇丁」の力強い三味線の演奏、そしてパレードの先頭を飾るかわいい子どもたちの踊りが人気を呼ぶ。また、七月の博多祇園山笠には毎年、商店街の一角に飾り山を奉納。〝おれたちも生粋の博多っ子〟と自認する店主や家族はかき山笠にも加わり、山を担いでいる。

復活した博多どんたくに参加（昭和 30 年ごろ）

「全国の商店街の関係者が新天町を視察に訪れますが、店同士の団結のよさに、皆さん感心されます。どんたく、山笠だけでなく日ごろからさまざまなイベントを一緒にやっているからでしょうね」（柴田さん）

当店はいま、店内に常時、さまざまな種類の傘四〇〇〇本前後を店頭に並べています。

一五〇〇万人都市となっている福岡のまちで傘を商う専門店として、また海外からの旅行者も増えるなかで、当店の進む方向を四代目となる息子とともに模索しているというのが本音です。

店のスペースは決まっています。その限られスペースをいかに有効に使うべきか。本数にこだわることなく、より選びぬいた傘を置き、文字通りの専門店を目指すべきではないか。そんなことも考えています。

（「西日本文化」二〇一五年七月発行）

◆

〈主な参考資料〉

博多の傘屋「しばた洋傘店」ホームページ（http://hakatakasaya.jp/）
「新天町商店街」ホームページ（http://www.shintencho.or.jp/）
「日本洋傘振興協会」ホームページ（https://www.jupa.gr.jp/）

安川電機

技術革新へのチャレンジ精神
モノづくりの情熱受け継ぐ

人間を手助けするロボット開発

産業ロボットの分野では世界シェアトップ[1]の座にある当社ですが、ロボットと一口に言っても、人それぞれにそのイメージするものには違いがあると思います。当社内でのロボットの認識は、「人と似た動きをする機械を、プログラミングソフトで動かす」というものです。ロボットは日々進化していますが、当社では人間に置き換わるようなものをつくろうとしているわけではありません。

工場内での単純な繰り返し作業や、〝きつい、汚い、危険〟という、3Kと言われるような仕事は機械で行いますが、人間の特性を活かせるような作業は残して、人間が主体となって行っていく。当社は、人間の作業の手助けをするロボット

◎語り人
副社長　宇佐見昇さん
（うさみ・のぼる）
◎プロフィール
昭和26（1951）年10月、長崎県佐世保市生まれ、北九州市若松区育ち。福岡県立小倉高校―一橋大学社会学部卒。株式会社安川電機製作所（現・株式会社安川電機）入社後、人事総務部長、常務取締役を経て、平成25（2013）年6月、代表取締役副社長に就任。24年3月からは、百周年事業室長も務めた。

企業DATA
社　名：株式会社安川電機
創業年：大正4（1915）年
住　所：福岡県北九州市八幡西区黒崎城石2-1
電　話：093-645-8801

づくりを目指しているのです。決して、人間をすべて工場から追い出して、ロボットだけが作業する、というような社会を望んでいるわけでありませんし、むしろロボットの開発をすればするほど、人間の能力の高さに驚かされ、その凄さに気づかされます。人間のもつ五感、その一つひとつをロボットに置き換えさせようとしても、それは大変なことなのです。

産業用ロボットだけでなく、そのロボットの中核部品でもある高速かつ精確に反応するサーボモータ（自動制御機構駆動装置）と、工場のラインやオフィスビルの空調・エレベーターなどの制御に使われるインバータ（逆変換器）の分野でも世界シェアトップを誇るグローバル企業である安川電機。
その前身となる合資会社安川電機製作所の創業は、大正四年（一九一五）のこと。創業発起人の安川敬一郎は現在の福岡市に生まれ、藩校・修猷館（しゅうゆうかん）（現・福岡県立修猷館高校）で学び、東京の慶應義塾（現・慶應義塾大学）に進み、炭鉱業で財を成し、事業を紡績、製鉄、鉄道、銀行経営にも広げた人物である。
また、明治四二年（一九〇九）、技術者を養成する明治専門学校（現・国立九州工業大学）、さらに翌四三年には明治専門学校付属小学校（現・明治学園）が遠賀（おんが）郡戸畑町（現・福岡県北九州市戸畑区）に開校しているが、これら学校の開校には敬一郎が私財を投じている。

重要なのは、人間とロボットの〝協調〟という視点です。

創業発起人の安川敬一郎

当社は四五年ほど前から、事業目標として理想の工場のあり方を、「アンマンドファクトリ」という造語を使って表現しているのですが、これは完全なる無人化の「ノーマン」とは違い、人手依存を脱するため、人間を中心としながら、機械サポートでの自動化工場をイメージしています。人とロボットが協調し、人が働きやすい環境を目指すものです。

あくまで人間の作業を手助けするようなロボットというか、機械をつくりたいと考えているのです。そして、そのロボットが活躍する舞台は、無限大に広い。モノづくりの分野で生産性を高めていく、そのことを当社は第一義として取り組んでいるのです。

創業者の安川第五郎

合資会社安川電機製作所は遠賀郡黒埼町（現・北九州市八幡西区黒崎）で設立されるのだが、代表社員には安川敬一郎の五男・第五郎が就任した。創業者となった第五郎は、福岡県立中学修猷館から第一高等学校に進み、東京帝国大学で電気工学を学んだ。卒業後は日立製作所での勤務を経験、その後、渡米しウェスティングハウスで研修を受けたという経歴をもつ。ウェスティングハウス社は、一九世紀末、発明家のジョージ・ウェスティングハウスがその発明を事業化したことで創業、優秀な技術者を多数擁し、交流発送電による電力事業の技術を確立したほか、鉄道の動力装置や自動空気ブレーキシステムなど、当時、主要な陸上交通であった鉄道の安全技術の発展に貢献。また、放送の黎明期には、主要都市にラジオ・テレビ局を次々と開局するという社歴を残した。

ともあれ、父・敬一郎の言葉「資金は出すが、口出しはせぬ。兄二人[2]と相談しながら思うようにやってみよ」に従って第五郎は事業を進めた。スタートは、父が経営する明治鉱業の炭鉱用電機品の受注製造であり、製品第一号の三相誘導電動機（モータ）は、炭坑の斜坑巻き上げ機などに採用された。

「需要地生産」で取り組む

現在、当社の年間の売上高は四千億円を超えています。しかもその売り上げの七割近くがアメリカ、ヨーロッパ、中国など、海外での売り上げです。国内市場が縮小するなかで、今後ますます海外の売上比率は高まると予測していますが、当社の「需要地生産」の考え方は、お客さまが海外の会社であっても変わりません。当社は創業以来、お客さまの意向を組み入れて、お客さまと一緒にモノをつくっていこうという姿勢をモットーとしてきました。製品を大量生産でつくり世の中に出していくのではなく、顧客のニーズを聞きながら一つひとつ製品をつくるということです。

当社はこの姿勢で成り立ち、一〇〇年続いてきた会社なのですから、国内同様に海外のお客さまのニーズもくみ取って製品をつくっていきたい。そうなれば、需要地で生産することが必要になってくるのです。むしろ、そうしなければ、大手メーカーとの競争には勝てないと認識しています。マーケットの声を聞きながら、ニーズに対応するモノづくりをしていく。必然として需要地生産になるということです。現在、すでに海外の一〇カ国で当社の工場が稼働しています。

——創業期から電機品であれば、何でもつくる積極的な営業を展開したという。しかし、炭鉱用という特殊な電動機（モータ）の一品生産であり、利益を計上するには難しいものがあった。赤字経営を抜け出せたのは、大正一〇年（一九二一）に立ち上げた研究開発部門で試行錯誤を重ねて生み出した、昭和二年（一九二七）製品化の「スーパーシンクロナスモータ」や国産で初めて製品化した「ボールベアリング付き三相誘導電動機（モータ）」（昭和三年製品化）が相次いでヒット商品となったからである。昭和一一年に、研究所を開設、翌一二年には、「安川モートル」を商標登録した。

当時の技術者たちは、「安川電機の生きる道は、専門企業として産業用電動力とその応用というテーマをより深く極め、他の及ばない技術をもって企業の存在価値を高めることにある」という方針のもと、電動機というハード面だけでなく、それを制御するソフト面の開発に意欲を燃やしたのだと伝わる。安川電機が業界に先駆けて、それまで一つひとつ手作業でつくっていたモータをコンベアによる流れ作業で製造することを始めたのは、国内ではいち早く昭和初期からである。

大正８年当時の工場の外観

これだけの人が集まって、広い土地も使い、世の中の資源をいっぱい使いながらモータづくりに取り組んでいるのはなぜかといえば、つくり出した製品が世の中で使われることによって、社会との関わりをもつことになるからです。社会との関わりを持つなかで、社会に必要な存在であり続けるという姿勢が、企業経営には必要だと思います。汗水流して働いている意味は、何らかの形で世の中に役立っていること。当社の場合は、モータを〝技術の核〟として、人々が必要としているモノをつくっていくということになります。

もっとも、私が入社した当時ですから、四〇年前の話になりますが、「事業は多角化が大切だ」という世の中の風潮のなかで、当社もガソリンスタンドやテニスクラブなどを経営した時期もありましたね……。当然、今はすべて整理しています。


近代、重工業都市として発展する北九州をリードしたのは、明治三四年（一九〇一）に操業開始の官営八幡製鐵所（現・新日鐵住金八幡製鐵所）であったが、この製鐵所内で鉄の原料である鉄鉱石やコークスを運ぶシステムには、安川電機が炭坑で培ったモータや制御技術が大きく貢献した。

その後、戦後復興期の高成長、オイルショック後の設備合理化、公害対策など、鉄鋼業界の新たなニーズにも応え、現在は国内で稼働する製鉄所のすべての高炉に、安川電機の制御装置が採用されているという。

北九州の地の利を活かして

北九州に本社を置く意味ですか？　本社の東京移転については、

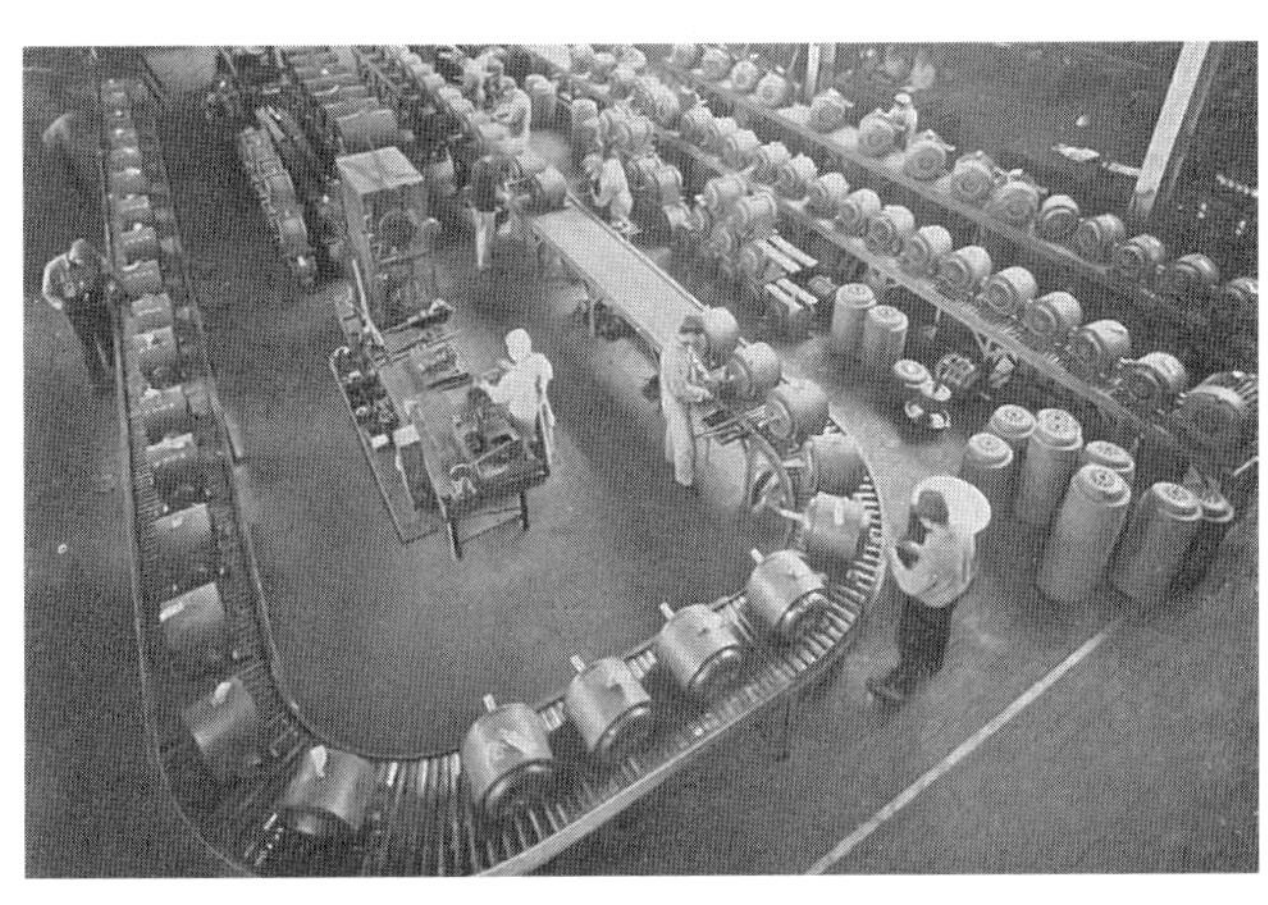
昭和 12 年の製造ライン

私が入社する以前のことですが、社内で検討されたこともあったように聞いています。当社がその当時取引していた主なメーカーは、鉄鋼、セメント、化学などの重厚長大産業でした。工場は日本全国にあるのですが、本社は東京に集中していました。一工場の製造設備であってもその発注業務は各メーカーの東京の本社で行われていました。当時、当社の社長は、東京に常駐していたといいます。

ですが一方で、当社が北九州市に本社を置いているからこそ、九州大学や九州工業大学を卒業した学生が多く入社しました。優秀な技術者が集まることは、当社にとって大きなメリットでした。このような背景もあって、移転の話は流れたようです。

昭和三三年（一九五八）、応答速度が従来製品の一〇〇倍というDC（直流）サーボモータ「ミナーシャモータ」を発明。電子部品実装機には欠かせない製品で、超高速・超精密モーション制御の扉を開いた。その後、昭和四五年には、東京で「無人化省力展」を開催することで、「モータの安川」から「オートメーションの安川」へという企業イメージの転換を図った。

またこの時期、メカトロニクス（メカニクス〈mechanics〉とエレクトロニクス〈electronics〉の合成語）の市場を急成長分野に位置づけて、経営資源を積極的に投入。機械の動きを自在に制御できるモーションコントローラや、機械の維持管理の容易性と高速性でDCサーボに勝るAC（交流）サーボモータ、工作機械などに搭載されるNC装置（数値制御装置）、モータの回転を制御するインバータなどを相次いで製品化した。

そして、昭和五二年には、産業ロボットの主流だった油圧式に代わる国内初の全電気式産業用ロボット「MOTOMAN（モートマン）-L10」を完成させた。このアーク溶接用ロボットは、精密作業ができた。大分県内の自動車部品メーカーに納入したことがきっかけとなり、その市場は世界の自動車業界に広がった。

海外の売り上げが七割に迫る当社の現状で考えると、東京に本社を置く必要はまったくありません。むしろ、中国や東南アジア方面だと北九州の方が距離的にも近い。東京は事務所費や従業員の社宅など、経費を考えると高くなる。北九州の方がメリットは大きくなっています。これも時代の変化でしょうね。

製造業を世界的視野で見ると、その国の首都に本社や工場を集中させている大手メーカーはありません。アメリカでも自動車メーカーはデトロイトやケンタッキーにあり、航空機製造のボーイング社の本社はイリノイ州シカゴにありますよね。

平成二年（一九九〇）、創立七五周年を迎えたことを契機にCI（Corporate Identity）活動に取り組み、翌三年には、社名を「株式会社安川電機製作所」から「株式会社安川電機」へと変更した。また、この時期は、アメリカやヨーロッパ、アジアなど海外への積極的な進出を図り、グローバル展開に拍車をかけた。

培ったものを、残していく

創業一〇〇周年を記念する年史は、本編と社員に配る普及版の二種つくりました。普及版に関しては、英語版と中国語版もつくりましたが、この年史づくりを担当した編さん室のスタッフには、「もしかしたら、二〇〇年史はできないかもしれないね」と冗談交じりに話しました。世

北九州市に本社を構える

界は変化し続けており、当社の企業形態がこのままの状態で、一〇〇年を乗り切っていけるとは思えないからです。もちろん、自分たちがこれまでの一〇〇年間に培ってきたものを、これからも残していけたらいいな、という強い気持ちはあります。

海外の売り上げが年々増加していくなかで、今後当社のグローバル化はますます進むと予測されます。あくまで冗談ですが、中国市場がこのまま当社の最大のマーケットであり続けるとしたら、本社機能を中国に移転させようか、という話がでないとも限りませんよね。(3)

一九六〇年代後半、お客さまの機械装置と自社の電機品を融合し、より高い機能を発揮できるようにとの考えから、「メカトロニクス」という安川電機オリジナルの概念を提唱した。そして近年は、数々のメカトロニクス製品を構成部品として提供するにとどまらず、それぞれのお客さまに最適な問題解決法を総合的に提案する。また一方で、メカトロニクス技術を応用した、風力・太陽光発電用電力変換装置や電気自動車用モータドライブシステムの開発、さらに産業用ロボットを中核としながらより人に近い分野で人と共存するロボット市場の創造などにも取り組む。

100周年記念事業の一環として開館した「安川電機みらい館」の内部

当社は世界シェアトップの産業用ロボットメーカーですが、ロボットの製造分野の競争は激しいものがあります。当社も淘汰されないよう研究開発に努めていますが、これからのロボットの一つのあり方として介護と医療の分野があります。当社のロボットはこれまで自動車などの製造業が中心でした。介護と医療、それにサービスを加えた分野でロボットがより一層普及すれば、実用化に向けて研究・開発を行っている当社にとってうれしいことです。ライバルは多いと思いますが、その分やりがいも大きくなりますね。

平成二七年（二〇一五）六月、創立一〇〇周年の記念事業の一環として新本社棟や工場、社員向けカフェテリアなど事業所全体を「ロボット村」と名付けて再編・整備し、オープンさせた。村内には、五〇台あまりのロボットを展示する「安川電機みらい館」と、緑や水辺空間を配置した「YASKAWAの森」を設け、一般に公開している。

再編された三つの工場だが、九〇年代に世界で初めて〝ロボットがロボットをつくる〟工場として誕生した「モートマンセンタ」を前身とする第一工場はリニューアルし、自動化率を上げた。また第二工場では、半導体やバイオメディカル向けロボットなどを生産。さらには、主に自動車業界向けの溶接、塗装用の大型ロボットを製造する新第三工場を平成二七年九月、福岡県中間市に新設し、ラインの適正化によって生産効率を高めている。

◆

〈注〉

（1）安川電機の産業用ロボットの累計出荷台数は三〇万台を超える。世界シェアの一九％で、平成一九年（二〇〇七）から首位を保持している。
（2）石炭鉱業連合会会長や日本経済連盟会会長などの要職を歴任した次男・松本健次郎、家督を継ぎ明治鉱業の社長を務めた三男・安川清三郎。
（3）安川電機では、輸出のための生産拠点を〝日本プラスワン〟としている。そのプラスワンの中心は、アジアのなかでインフラが比較的整う中国である。また平成二五年（二〇一三）には、海外初のロボット生産工場を中国で稼働させている。

〈主な参考資料〉

「表紙の人——津田純嗣（株）安川電機会長兼社長に聞く」（「ふくおか経済」二〇一五年八月号）
「受け継がれるＤＮＡ安川電機一〇〇年」（「毎日新聞」二〇一五年六月二日～四日）
「安川電機創立一〇〇年——「技術立社」成長けん引」（「西日本新聞」二〇一五年六月二日）
パンフレット「安川電機の歴史」「安川電機会社紹介」「安川電機みらい館」

（「西日本文化」二〇一六年一月発行）

西南学院

奉仕の精神をもって社会に貢献する人材を育てて百周年迎える

福岡の地で総合学園に発展

西南学院は保育所、幼稚園から、小学校、中学校、高等学校、大学・大学院までの園児、児童、生徒、学生約一万一〇〇〇人を擁する総合学園ですが、平成二八年（二〇一六）の今年、創立一〇〇周年を迎えました。当時の番地で福岡市大名町一〇五番地に[1]、男子中学校として開校したのは、大正五年（一九一六）四月のことです。一〇四人の生徒と九人の教職員でのスタートでした。それから一〇〇年、当学院を巣立った卒業生は、すでに一四万五〇〇〇人を数えます。

学院の建学の精神は、一〇〇年前に学院の創立・発展に心血を注いだC・K・ドージャー先生の遺言でもある「西南よ、キリストに忠実なれ」という言葉で表されています。この建

◎語り人
理事長・院長
G.W. バークレーさん
（ギャーリ・ウェイン・バークレー）
◎プロフィール
1955年7月、米国生まれ。米国サザン・バプテスト神学校大学院博士課程終了。昭和62年（1987）4月から、西南学院大学神学部の教壇に立つ。同大学学長を経て、平成24年（2012）4月、第18代西南学院院長に就任。同27年3月からは理事長を兼務する。専門はローマ帝国時代のキリスト教の歴史。議論好きで、蝶ネクタイがトレードマーク。

企業DATA
社　名：学校法人西南学院
創立年：大正5（1916）年
住　所：福岡県福岡市早良区西新6-2-92
電　話：092-823-3251

学の精神に基づいた、他者を思いやる心を育てるために、年齢や成長の段階に合わせてキリスト教に沿った教育を行っていることに学院の特徴はあります。厳しい指導や知識偏重の教育を行うのではなく、一人ひとりの成長を大切にし、学院での生活が豊かで実りあるものとなるよう、個々と向き合う教育を基本としています。

アメリカ・ジョージア州生まれでプロテスタントのキリスト教宣教師C・K・ドージャーが妻のモード・バークを伴い伝道のため来日したのは、明治三九年（一九〇六）九月のことである。日本に向けて出帆した客船には、ドージャー夫妻のほか、同じ宣教師のJ・H・ロウ（のちに西南学院初代理事長・西南女学院創立者）夫妻とG・W・ボールデン（のちに西南学院第三代院長）夫妻も乗船していた。二三日間の船旅のあと長崎に着いた三夫妻は、間もなく福岡市大名町（現・中央区赤坂一丁目付近）の宣教師館に居を構えることとなった。ちなみに、福岡市内ではこの年、博多瓦斯（ガス）が開業し、〝文明開化の象徴〟でもあるガス灯の点火が始まっている。

佐世保、下関などでの伝道活動のあと、一年の休暇帰国を経て

明治 41 年、福岡バプテスト神学校。手前は福岡城の濠。
のちに西南学院創立時（大正 5 年）の校舎となる

福岡に戻ったドージャーは、大正三年、「福岡市民が男子中学校の設立を熱望していること」をアメリカの南部バプテスト外国伝道局（ミッション・ボード）に訴え、許可を受けた。

当時の福岡市内には、福岡県立中学修猷館（しゅうゆうかん）（現・修猷館高校）があるだけで、福岡県立福岡中学校（現・福岡高校）が開校するのは、私立西南学院（現・西南学院高校）の開校から一年後のことである。また、九州帝国大学（現・九州大学）が発足したのも、明治四四年のことであり、このとき工科大学を新設し、京都帝国大学福岡医科大学は九州帝国大学医科大学と改称している。明治末から大正期にかけ、福岡のまちはまさに文化学術都市としての歩みを始めたばかりだったのである。

開校が決まるとドージャーは、入学者募集のため、大量のチラシと大きなポスターを県内すべての小学校に送付するとともに、その教育方針を説明するために各小学校の校長を個別に訪問したと伝わる。

ところで、「西南学院」の学校名であるが、宮城県仙台市に東北学院、兵庫県神戸市に関西学院があるので、西南学院と名づければ、日本の北東から南西に〝キリスト主義学校の鎖（くさり）〟が完成するというものであった。この当時、九州でもプロテスタント系の私立男子中学校としては、明治一四年に長崎県諫早市内に鎮西学院、また明治四三年には熊本市内に九州学院がすでに開

ドージャー一家。左から長男エドウィン・パーク、チャールズ・ケルシィ
長女ヘレン・アデリア、妻モード・パーク（昭和６年）

校していたのだ。

入学者の大半は九州・山口出身

学院経営は、主に園児、児童、生徒、学生一人ひとりが納める授業料で成り立っています。少子化が進み子どもが少なくなるなかで、今後その経営が厳しくなることも予測されますが、私としては「西南よ、キリストに忠実なれ」の建学の精神に基づいた西南学院らしい教育を続ければ、未来は開けると考えています。日米関係が悪化した第二次世界大戦中には、キリスト教主義学校に対する風当たりが強くなり、英文科を閉鎖するなど、これまでも数々の苦難の時代を乗り切ってきましたからね。

現在、学院の大学には七学部一三学科があり、約八二〇〇人の学生が学んでいます。男女比は四対六で、やや女子学生が多いのが現状です。そして、学生の九五%以上は九州・山口エリアの出身者であり、うち七〇%以上が福岡県内の高校の卒業生です。それもあって、卒業生は地元銀行や九州各県の県庁、市役所、地場企業などに就職して地元に残る人も多いですね。

同窓会は地域と職域で活動しており、支部は北海道から沖縄まで国内各地にあります。また海外にもアメリカのニューヨーク、ロサンゼルスなどに六つの支部があります。総会が開催される際には、私もスケジュールが許す限り出席し同窓生の皆さんと交流を深めるよう努めています。

C・K・ドージャーには、「院長は日本人たるべし」という持論があった。だが、初代日本人院長の病気による辞任もあって大正六年（一九一七）二月、ドージャーは第二代の院長に就任することになる。同年九月には、現在地[2]に校地を購入、校舎の建築に着手。翌七年一月には、第一校舎（東校舎）と雨天体操場が完成し、移転した。また、大正九年三月には、文部省告示により、西南学院中等部卒業生に、専門学校入学資格が認められた。さらに翌一〇年二月には、「私立西南学院財団」の設立認可を受け、法人格を有するとともに、高等学部（文科一五人・商科二五人）開設の認可も受けた。高等学部は現在の西南学院大学の前身になるのだが、当時の学生たちのモダンな学生服姿が女学生に人気だったという逸話も残っている。

自らの人生を西南学院の発展にかけるドージャーだった。だが、昭和三年（一九二八）二月、学院内では院長排斥辞任要求のストライキが発生した。昭和初期は、野球部などスポーツ各クラブの勃興期であり、日曜日に対校試合が行われることも多かった。しかし、院長のドージャーが〝主の日〟である日曜日の対校試合を禁止する方針を出したため、高等学部の学生たちから不満の声が上がったのだ。この事件は一人の犠牲者を出すこともなく収拾された。だが、ドージャーはその責任を痛感し、院長を辞任した。日記にはその心境をこう綴っている[3]。

「私は常に忠実であろうとしてきたが、この責任から解放され

敷地選定当時（大正６年ごろ）の西新校地

ほっとしている。私は長く院長を務めてきたので多くの間違いをしてきたと思うが、誰も仕事に忠実でないと指摘する人はいなかった」（昭和四年六月一九日付け日記より）

現在、増加する大学中退者が社会問題にもなっていますが、本学では途中で退学する学生が少ないのは誇りでもあります。昨年の入学者でみると、中退者は文系から理系に進路を変更するため他大学に転校といった学生が数人いるだけで、その数は一桁です。入学者総数からすると〇・四％程度で、これは国内の大学では最も低い数字です。西南学院大学で何を学ぶか、さらに卒業後はどのような道に進むか。明確に目標を持って入学した学生が多いと言えるとも思います。

世界に開かれた学院へ

私は学院をもっともっと国際化したいと考えています。昭和四六年（一九七一）七月に、西南学院大学はアメリカ・テキサス州にあるベイラー大学との間に初めて姉妹校の締結をしたのですが、これをきっかけとして世界各地の大学との国際交流の歴史が始まりました。現在では、欧米を中心に、中国、台湾、韓国を含めて二〇カ国五六の大学が姉妹校・協定校となり、学生の相互派遣を行っています。

学長時代の話になりますが、フランスとイタリア、フィンランドの姉妹校・協定校を訪問したことがあります。最初にフランスに入国したのですが、入国審査の際、担当した管理官から同僚に本学の卒業生がいると聞きました。また、アメリカのヒューストンで乗り換えたときにはカウンターで呼び止められたのですが、話していると息子さんが交換留学生として本学で学んだことがあることも分かりました。本当に世界は狭い、そう感じましたね（笑）。

現在、本学から派遣留学制度や短期留学など海外で学ぶ学生の数は、全体の五～六％ぐらいでしょうか。私が学長のときに目標を一〇％に設定しましたから、まだまだ少ない。この数字をさらに伸ばすと同時に、海外からの留学生の受け入れ数もさらに増やして、大学全体の国際化をより一層進めていきたいですね。学生時代に海外での生活を経験することで、一人ひとりの学生の視野も広がります。自分の生まれた国の文化の良さ、また弱いところにもハッキリと気づきます。プラスアルファとして語学の力も伸びますし、それぞれの国での友だちのネットワークづくりもできます。これからの人生の大きな糧になると思います。

とはいえ、八〇〇〇人以上のすべての学生を海外に送り出すことは財政的にも不可能ですから、いかにキャンパス内を国際化するか、それが大きな課題になります。もちろん、学院にとっては、国際化は大学だけの問題ではありません。小学校、中学校、高校もまた、それぞれがどのような形で国際交流を盛んにしていくかというテーマに取り組んでいます。

スクールカラーは、「テレベルト・グリーン」。校歌の一節にもある「松の緑・青春の色」を表現したものだという。グリーンは自由を表現しており、自由闊達（かったつ）な校風を誇る西南学院ならで

長い間、中学校・高等学校の講堂として利用された旧本館（大正10年竣工）。平成18年にリニューアルされ現在は大学博物館となっている。学院の最も古い建物

はの色である。
大学構内にある大学博物館（ドージャー記念館）の赤レンガの建物は、大正一〇年（一九二一）の竣工である。現在は福岡県指定有形文化財の指定を受けているが、平成一五年までは中学・高校の講堂として使われていたという。館内には、大学が長年収集してきたキリスト教関係の資料が展示されている。常設の「九州のキリスト教」コーナーには、かくれキリシタンを取り締まるキリシタン御札やマリア様に見立てた陶製観音像など貴重な品々も並ぶ。

西南学院の学生はスポーツ面でも活躍しています。自慢話になるかもしれませんが、平成二七年（二〇一五）秋には、私が部長を務める大学のアメリカンフットボール部が大学日本一を決める「甲子園ボウル」（甲子園球場で開催）進出をかけた西日本代表決定戦に出場しました。決定戦出場は九州勢として初めての快挙でした。本学にはスポーツ推薦の制度はありませんし、高校での経験者もいないチームなのですから、すばらしいことだと思います。また昨年は、大学の硬式野球部も九州六大学野球春季リーグ戦で優勝して全日本大学野球選手権大会（神宮球場で開催）に出場しています。

アメリカンフットボール部や硬式野球部の選手たちが日ごろ練習するグラウンドは、平成二一年、福岡市西区に完成した「田尻グリーンフィールド」である。ヤフオクドームの約二倍という西日本最大級の広さがあり、アメリカンフットボール場、野球場のほか、陸上競技場、ラグビー場、サッカー場など七つの専用競技場をもち、大学の授業や課外活動以外の時間には、一般にも貸し出しているという。

東京にオフィスを開設

創立一〇〇周年関連では、さまざまな取り組みを行ってきました。平成二五年（二〇一三）一月から東京オフィスの活動を始めたのもその一つです。東京駅に隣接した東京・丸の内サピアタワー一〇階に開設しました。関東地区の同窓生の皆さんはもちろん、就職活動で上京する学生など多くの方々に利用していただいています。定期的に公開講座や講演会を開催することで、首都圏での学院のPR、情報収集、交流の場としての役割を果たしています。

一〇〇周年記念事業プロジェクトの一つとして建設中の「西南学院百年館（松緑館(しょうりょくかん)）」は、平成二八年一〇月下旬の開館を目指す。地上三階建ての百年館は、講演会や懇親会などに利用できる多目的ホールや共同学習室、ミーティングルーム、学習スペースのほか、学院史資料センターなどが入り、同窓生や現役学生、教職員、地域の方々が自由に集い、交流できる空間となる予定だ。

また、平成二九年四月には、キャンパスグランドデザインに基づいて建設が進む大学の新図書館も開館する。地上七階建ての新図書館には、約一八〇万冊を収容し、閲覧座席は約一〇〇〇席を用意する。

西南大学博館（旧本館）

世界に貢献できる学院づくり

西南学院は、次の一〇〇年に向けて新たな歩みを始めたわけでもありますが、学院の使命は、「真理の探求および優れた人格の形成に励み、地域社会および国際社会に奉仕する創造的な人材を育てること」であると考えています。この使命と、先ほども話しました「西南よ、キリストに忠実なれ」という建学の精神とに基づいて、二一世紀の目標テーマを「Impacting the World」としています。

キリスト教がもつ普遍的な価値である、平和・人類愛・自由を理解し、真理に基づき世界を導く人であり、他に先駆けて善や正義を実行する精神を持つ人であり、さらに他者や社会、そして地球を思いやる心を持つ人、そのような人材を育成することによって、世界に貢献できる学院となることを目指していきます。

「西南学院発祥の地」記念碑
(福岡市中央区赤坂1丁目)

平成二八年(二〇一六)五月一四日には、創立一〇〇周年を記念する式典と講演会を福岡国際会議場で開催する。その後、マリンメッセ福岡に会場を移し、合同同窓会総会と記念祝賀会の開催も予定する。講演会では同学院の中学校卒業生で、「ペシャワール会」の現地代表としてアフガニスタンで医療活動と水源確保事業を続ける中村哲さんが講師を務める。

また、四〇〇〇人以上が集まる記念祝賀会には、財津和夫、伊東たけし、杉真理、陣内孝則、井上芳雄といった学院ゆかりの著名人たちがスペシャルゲストとして駆けつけ、祝賀会を盛り上げることになっている。

◆

〈注〉

（１）現在の福岡市中央区赤坂一丁目、読売新聞西部本社ビルが建つ場所で、福岡城址の濠向かいに位置する。在日本サザン・バプテスト宣教師社団が所有していた福岡バプテスト神学校校舎跡での開校だった。現在、明治通りに面した歩道脇には、「西南学院発祥の地」の記念碑が立つ。

（２）大正七年（一九一八）当時の住所は、早良郡西新町。隣接する福岡県立中学修猷館（現・修猷館高校）もまた、明治三三年（一九〇〇）、福岡市大名町から移転していた。明治四三年（一九一〇）には、西新町内に電車駅も開業していた。

（３）院長を辞任したドージャーは、住居を小倉市（現・北九州市）の西南女学院構内に移し、北九州方面での伝道に従事していたが、昭和八年（一九三三）五月三一日、狭心症により逝去。五四歳五カ月の生涯だった。昭和四〇年（一九六五）には、ドージャーの長男であるＥ・Ｂ・ドージャーが第九代院長に就任し、学院の発展に貢献している。

〈主な参考資料〉

「西南学院大学ｂｙＡＥＲＡ」（朝日新聞出版・二〇一二年二月二九日発行）
「西南学院広報誌――赤煉瓦通信 vol.1」（学校法人西南学院・二〇一五年一〇月三〇日発行）
「西南学院の創立者――Ｃ・Ｋ・ドージャーの生涯（改訂版）」（学校法人西南学院・二〇一四年三月一日発行）
広報誌「一〇〇周年ニュース NO.1～NO.4」

（「西日本文化」二〇一六年四月発行）

楠森堂

一二〇〇年続く名家を家業の在来種茶栽培で守る

在来種の茶園は種子から育つ

私どもの茶園の樹には、その樹齢が一〇〇年を超えるものも少なくありません。日本国内でも、わずかに現存するだけの貴重な在来種の古樹です。在来種の茶園の特徴は、株ごとに芽立ちや芽の色、成長の度合いや風味が異なった茶樹（ちゃのき）で形成されていることです。

在来種のお茶とは、日本の山里に昔から自生していた野生のものの種子や、今から約一千年以上前に、中国に渡った僧侶たちによって日本に伝えられた茶の種から育てた品種改良をされていない日本古来の「実生（みしょう）」のお茶のことです。種子から育った茶樹だからといって、親樹の性質をそのまま受け継いできたというわけではありません。花は九月から一一月

右から河北幸高さん、宣正さん

◎語り人
河北幸高さん
（かわきた・ゆきたか）
◎プロフィール
昭和50年（1975）2月、筑紫野市生まれ。11年前、30歳で脱サラして、家業の茶栽培に関わる。現在は、5ヘクタールの茶園ほか、米80アール、柿30アールなどを耕作する。妻と一男一女の4人家族。父・宣正（のぶまさ）さんは河北家当主であり、山北四郎大蔵永高より27代目、河北甚助大蔵永胤より14代目となる。

企業DATA
社　名：楠森堂（くすもりどう）
創業年：江戸時代末期から茶づくりを始める
住　所：福岡県うきは市浮羽町山北2056
電　話：0943-77-4019

にかけて咲き、昆虫などによって花粉受粉されますが、茶樹には自家不和合性という特定の他個体、他系統の品種とでなければ、有性生殖が成立しない性質があります。ですから、在来種の茶園には、葉の色や形、品質の良い樹と悪い樹、収量の多い樹と少ない樹、芽の出る時期が早い樹と遅い樹など、自然交雑（しぜんこうざつ）によって生み出された多種多様な個性とさまざまな遺伝子を持った茶樹が混在しているのです。

河北家は、現在の大分県日田（ひた）市で、郡を治める地方官（郡司職）を代々務めた日田大蔵氏の出である。仁寿元年（八五一）、祖先の一人である大蔵永弘が初代の郡司職に就いて以来、その子孫は代々郡司職を継ぐ（子孫には相撲の神様「日田どん」として祀られている大蔵永季（ながすえ）、江戸時代の三大農学者の一人・大蔵永常（ながつね）がいる）。源平抗争の渦中、源氏側についた大蔵一族は源平の合戦で功績を挙げ、頼朝の御前において面目をほどこし筑後の土地を与えられた。鎌倉幕府の創成期（一一九〇年ごろ）、今の日田市より浮羽（うきは）の地（隈の上）に入り、室町時代初めの興国元年（一三四〇）には、河北家初代である山北四郎大蔵永高は、現在の福岡県うきは市浮羽町の山北小柳館に居を構え、河北家は地方屈指の豪族となった。元和二年（一六一六）、戦国乱世の世に生まれ、幼いころから武士生活の無常さをつぶさに体験していた河北甚助大蔵永胤（ながたね）は、深く感ずるところもあってか、農民として生きることを決意し現在の「楠森」に移り住んだと伝わる。このときから、代々の当主は、ひたすら家を守り、父祖を祀り、土地を拓いて今日に至っているのである。

国内最大規模の在来種の茶園

種から育てた在来種のお茶（在来茶）は、生育にバラツキがあり、摘採時期の見極めが難しく、製品の見た目も粗いため、品質の安定という面では大きな課題がありました。その解決法として、昭和三〇年（一九五五）ごろ、優良品種の茶苗を短期間で大量に、しかも安定して育成する方法として「栄養繁殖法」と呼ばれる挿し木によって苗を増殖させるクローン技術が確立されました。

挿し木苗によって栽培された品種茶園は、新芽が均一に揃って成長します。しかも在来種に比べると、収穫量も多いのです。また、機械による摘み採りや製茶加工がしやすいことで生産性が飛躍的に向上しました。

お茶をつくれば売れる売り手市場となった昭和四〇年代以降、生産性に優れた品種茶への植え替えや新植が急速に進みました。その結果、現在では全国の茶園の品種化率は九七％に達し、日本古来の在来種の茶園は国内にわずかしか残っていないのが現状なのです。

とは言え、種子から育った在来種の茶樹は、太い直根を地中深くまで伸ばしますから生命力が非常に強く、樹齢も長い。それに対して、挿し木苗から成長した茶樹は、地表近くで根を張り巡らします。肥料の効果が早いという特性はありますが、一方で根が浅いことで干ばつに弱く、また同一品種の茶樹で畑が形成されているため、病害虫の被害が広範囲に広がりやすい。また、樹齢四〇年ほど経過した茶木は徐々に樹勢が衰え始め、茶樹の植え替え（改植）が必要とされています。

現在、私どもが栽培する茶園の面積は、最盛期の半分以下の五ヘクタールほどです。そのうちの八割、四ヘクタールほどが全国的に希少な「実生」の在来茶園です。その面積は、国内に現存する在来茶園のなかでは、最大規模だと言われています。

私たち河北家の後継者の問題もあり、茶業の継承も不透明であったために、全国的に急速に進んでいた改良品種への転換や設備の近代化という流れに乗り遅れ、偶然にも在来茶園が残る結果となりました。

河北家がお茶づくりを始めたのは、江戸時代末期のことだと伝わる。河北家では代々、地元の人々の手を借りて筑後川の南側一帯を開墾してきた。二一代当主の太郎衛門永重が現在の浮羽町山北地区にある小高い台地で茶栽培を始めた。

大野原台地と呼ばれる筑後平野の東端にあるこの台地は、約九万年前、阿蘇山の大噴火の際に発生した大火砕流によって形成されたもので、火山灰土壌で酸性の性質を持っている。このため、農作物が育ちにくかったのである。「二二代当主が、酸性質の土でも育つ茶と梨の栽培を始めたと伝え聞いています。住民と一緒に台地を切り拓くなど、高台で水も無く生活に苦労していたこの地域の住民のために産業をつくり出すことが目的だったようです」と説明するのは二七代当主の宣正さん。

宣正さんは三男であるが、二六代当主で父親の俊弼（としすけ）さんが病気で入院したとき、二人の兄は東京に住んでいることもあって、たまたま近くに住んでいた宣正さんが仕事や行事を手伝っているうちにこの家を

楠森茶園（昭和 11 年）

継ぐことになったのだという。

「今ではうきは市内の山間地には茶畑が広がり、茶農家も六〇軒前後ありますが、大半は昭和四〇年代以降に始めています。大正から昭和の初めまで、茶園を営むのは当家だけだったようです」

在来茶は収穫量が少なく摘み取りには手間がかかり、現代のお茶に比べると製品の見た目や生産性は劣りますが、品種の画一化で産地間の特徴が希薄になった均質な改良種（単一品種）のお茶にはつくり出せない味を持っています。

ワインの世界に「テロワール[1]」という言葉があるように、さまざまな品種が自然に混ざりあった在来茶は、生産された風土の違いで茶葉の見た目や味も個性豊かなのが特徴で、その土地特有の味わいを持つ「天然のブレンド茶」なのです。

数千種の茶葉が混ざり合うことで生み出される在来茶の奥深く力強い味わい。この貴重な味を絶対に絶やしたくない、多くの方に知ってほしいという思いが私には強いのです。

美しい茶園の景色広がる

山北地区の大野原台地に広がる茶園の一本一本のすべてのお茶の樹が、世界に唯一の固有種の茶樹なのです。多くの茶園は人の手が加えられ、品種改良された均質の茶樹ですが、在来種は日本にお茶が伝わる何千年も前から自然交配を繰り返し、自然がつくりあげた品種です。その在来種が未だに残っていることは本当にすごいことだと私は思っています。

現代の均質な茶樹で形成されている畑の茶葉の色や形は均一ですが、山北地区の茶園の茶葉の色や形には、濃淡があります。また、茶葉の大きさにも違いがあり、茶園の表面にはところどころに、膨らみが感じられ、それぞれに違う色や大きさを持つ茶樹が複雑な模様をつくり出しています。この山北地区の丘陵地に、このような複雑で美しい茶園の景色が広がっているのは、在来種の茶樹にその理由があるのです。

茶畑で摘んだ生の茶葉を、飲料用の茶（仕上げ茶）にするためには、加工・精製する必要があった。そのために近代的な楠森製茶場を創設したのは、大正一二年（一九二三）のことである。当時の山春（やまはる）村（現・浮羽町）村長を務めていた二五代当主の俊義（しゅんぎ）は、茶栽培の先進地であった静岡県から茶の技師を招き、先端技術を積極的に取り入れ、機械の増設や改良にも努めた。

品種改良の目的で、不良樹を淘汰（とうた）し、優良茶樹から採取した種子を全国の同業者にも配っていたという。昭和八年（一九三三）には、農林省指定の模範工場に選定されているが、この当時の栽培面積は、約一〇ヘクタールである。国や県の試験茶園として、県農事試験場委託試験地の玉露茶園二〇アール、県指導茶園五〇アール、県指定採種茶園七〇アールが活用された。

最盛期には、栽培面積を東京ドームの約二・六倍の広さに相当する一二ヘクタールにまで拡大し、当時単独所有の茶園の規模とし

昭和初期の製茶加工風景

ては、国内の茶生産地のなかでも最大級を誇っていたと伝わる。またこの時期、製茶業のほか、農林業、酒造業を営み、地元の雇用を支えていたのだ。

四〇〇人の小作人を抱えていた時期もあったという河北家だが、第二次世界大戦後の昭和二二年、連合国軍が日本占領中に設置した総司令部（ＧＨＱ）の指揮の下で行われた農地解放によって、大半の農地を手放すこととなった。「稲作用の田んぼの大半は手放してしまいましたが、お茶は加工しなければならないということもあって、茶園だけは全部残ったのです。だから父が『お茶には感謝せないかん』と言っていたこともあって、茶園を残しているのです」（宣正さん）

在来茶の価値広める日々

私が家業を継いだ一一年前、在来種は茶業界で見向きもされず、その商品価値も低かった。茶畑は管理が行き届かず荒れかけていました。そして同業者からは、「そんなお茶、金にもならんめーもん。ぶった切れ」と言われたこともありました。

しかし、私は現代の生産性・効率性重視のなかで失われつつあった在来茶の栽培、復興にあえて取り組みました。同業者の多くの方からは農業の知識も経験もまったくないなかで就農した私が在来茶栽培に取り組むのは「無謀だ！」との声も多くありましたが、私には逆にすごいチャンスに思えたのです。日本食が世界的にも注目される今、稀少な在来種だからこそ全国、海外に広がる可能性があると考えました。

衰退し続ける周辺地域。全国的にも稀少な在来茶の復興の取り組みを広く知ってもらうことができれば、地域に目を向けてもらうきっかけにもなると思いました。また、老朽化の進む文化財の家を守り、そして家族を養い生活していくためにも必死でした。

就農して以来、地道に情報発信をし続けてきたことで、最近では在来茶を求めて、九州各地からはもとより関西、関東、北海道、ときには海外から楠森堂を訪ねて来られるようになりました。昨年には、アメリカ・ニューヨークにある日本茶専門店からお問い合わせをいただき、在来茶の味わいと希少さを評価していただき初めて海外に出荷することができました。

在来茶を知ることがきっかけとなり「うきは」を訪れ、多くの方に地域の魅力を感じていただくことで、地域発信・活性化へ少しでも力になれればというのが私の一番の思いです。在来茶を守ることは、地元うきはの茶の歴史を後世に伝えることであり、同時にこの自然豊かな環境と景観、そして地域を守ることにつながると考えています。


「楠森」の家号をもつ河北家の住宅は、樹齢五〇〇年以上の楠の樹々に囲まれた約二〇〇〇坪の敷地内に、明治初期に建てられた母屋とその周りには江戸時代後期に建造の米蔵・器蔵など計八棟が現存し、国登録有形文化財の指定を受けている。京都国立近代美術館館長を務め、夭折（ようせつ）の画家・青木繁を見出したことで知られる近代美術史研究の先駆者、美術評論家の故河北倫明（みちあき）の生家でもあるが、代々の当主は一二〇基ほどある祖先のお墓の手入れをは

壁結の様子

じめ、先祖への感謝の行事などさまざまな祭事を毎月続けている。

旧正月二〇日に行う屋敷を取り巻く約一五〇メートルの竹垣を修復する作業「壁結（かべゆい）」は、三〇〇年以上続く伝統行事である。幾重にも立てた真竹を四段の孟宗竹で取り巻くもので、古くなった部分を順次、毎年取り替える。北部九州でこの行事が残っているのは、河北家だけだといわれる。

「これらの行事のすべてに自然、つまり人間を凌駕（りょうが）するものへの畏れ、神への感謝、周りのすべての人々や地域への感謝が感じられ、私が今生きている源を実感させられています。行事を続けていくためにはむずかしいこともありますが、とにかくここまで続けることができたのは、先祖から伝わったこの精神と、周囲の方々の理解と協力のおかげだと心から感謝しています」と語る宣正さん。

幸高さんがこう続ける。「現在は私が一人でやっているお茶栽培ですが、以前は一〇人以上の地元の方々に畑の維持管理をお願いしていました。昭和五〇年代以降、赤字でも茶園を続けていたのは、壁結のような行事のときに、人に集まってもらうためでもありました。竹垣は毎年手を加えていかないと、すぐに劣化してしまいます。しかし、地域の高齢化が進むにつれ、年間のさまざまな伝統行事に参加、加勢にきていただける方も年々減少していました。壁結のような行事を存続させていくためには、自分がこの地に移り住んで働き、地域の方々や若い世代とのつながりをつくることが大切であることを感じて、この地に移ったのです。在来種のお茶園もこの家も維持していくのは大変ですが、活かして、続けていく価値があるものだと私は信じています」。

現在、地元のうきは市立山春小学校のＰＴＡ役員を務める幸高さんは、学校敷地内で放置されていた七アールの茶畑を児童や保護者らとともに復活させ、月二回の草取りや冬のたい肥まきなど管理から茶摘みまでを行っている。摘んだ茶葉は業者に製茶してもらい、地元の茶栽培の歴史や茶の入れ方の学習まで学校行事として実施する。

「一つひとつの作業が次につながり実を結び、歴史になること、続けることの大切さを子どもたちに伝えていきたいという思いが強いですね」と幸高さんはいう。

若い人が働く場は少なく、この地域でも高齢化・過疎化は確実に進んでいます。楠森堂が生産する日本古来のお茶「実生」「在来茶」を広く知ってもらうために、五年前から春に収穫して土蔵でひと夏置いて熟成させた煎茶を試飲してもらう催しである「秋の蔵開き」を企画し、たくさんの方にご来場いただいています。現代ではマイナス評価されてしまうことを逆の視点から捉えなおして価値転換に挑むこと、地域の資源を活かしたこのような試みが認められ、成果を出すこと。そうすることで、地域の人々に郷土の魅力を再認識してもらうきっかけになればと願っています。

「ここで何かやってみよう」。そんな地域の若い人たちのやる気を引き出せたら、うれしいことですよね。

在来茶の販売はインターネットや地元の「道の駅うきは」などで主に行っています。また数年前から、煎茶やほうじ茶を石臼で挽いた粉末のお茶を市内のカフェやお菓子屋さんとコラボした商品もでき、在来茶の存在を知らなかった方や若い世代にも興味を持っていただけるきっかけになっています（うきは市吉井町にある老舗の和菓子屋「ひ

河北家の母屋風景

た屋福富」では、在来種の粉末茶を利用した葛(くず)ようかん「緑風」が好評。地元、浮羽町の人気のジェラード店「SORVETE＝ソルベッチ do うきは」では、煎茶とほうじ茶のジェラードを販売）。

現在、在来種では日本最大とされる四ヘクタールを管理していますが、二ヘクタールを何とか自身で販売し、残り半分は出荷できないのが現状です。すべての畑から出荷できるよう、在来茶の価値をもっともっと多くの皆さんに知っていただけるようさらに努力をしていかなければと思っています。

少しずつですが、理解してくださる人も増えています。でもまだまだと思っています。これからも一歩一歩、歩みを進めていきたいですね。

◆

〈注〉

（1）ワインの生産地における自然環境。気候・土壌・地勢などの総合的な地域性。

〈主な参考資料〉

「山北のお茶と楠森河北家」（浮羽まるごと博物館協議会・二〇一五年三月発行）

「民家 NO.89——自然・古民家・農業の共生——四〇〇年の歴史ある『楠森河北家』を訪ねて」（日本民家再生協会・二〇一四年四月一日発行）

「食と建築土木——たべものをつくる建築土木（しかけ）——楠森堂・河北幸高さんインタビュー／お茶の風景を守る、活かす」（LIXIL出版・二〇一三年一一月三〇日発行）

「西日本文化三八二号——河北家〈楠森〉の四季」（西日本文化協会・二〇〇二年六月発行）

「楠森堂ホームページ——楠森堂の歴史・在来種のお茶」

（「西日本文化」二〇一六年七月発行）

矢野特殊自動車

最古の国産車から一〇〇年
特殊車両のパイオニア

内装に柿渋の和紙使う「アロー号」

祖父の矢野倖一（こういち）が苦労して手づくりで自動車を完成させたのは、大正五年（一九一六）のことです。倖一は名字の矢（ARROW）から、アロー号と名付けたのですが、この現存する最古の国産車アロー号は現在、福岡市博物館に保存されています。

祖父は私が中学三年生のときに亡くなっていますから、祖父が六八歳から八二歳までの間を一緒に暮らしたことになります。機械いじりが好きな人だったという印象が強いですね。自宅廊下には、小さな旋盤の機械を据えていました。そこで部品をつくっていました。カメラが趣味で、新しいカメラが売り出されたら買い替えていました[1]。ビデオカメラにしろ、

◎語り人
社長　矢野彰一さん
（やの・しょういち）
◎プロフィール
昭和36年（1961）2月、福岡市生まれ。福岡県立筑紫丘高校卒業―早稲田大学大学院工業経営学科修士課程修了。株式会社小松製作所を経て、平成5年（1993）4月株式会社矢野特殊自動車入社。19年6月、同社社長に就任する。現在は、株式会社アルナ矢野特車社長でもある。散歩を趣味とする。

企業DATA

社　名：株式会社矢野特殊自動車
創業年：大正5年（1916）、国産車「アロー号」完成
　　　　大正11年（1922）、「矢野オート工場」設立
住　所：福岡県糟屋郡新宮町上府北4-2-1
電　話：092-963-2000

ビデオプレイヤーにしろ、テープレコーダーにしろ、機械を使って記録することが好きだったように記憶しています。技術によって人を驚かせたいというか、楽しませたいという気持ちが根底にあったように思います。

矢野倖一は、明治二五年（一八九二）一〇月、福岡県遠賀郡芦屋町の造酒屋の長男として生まれている。飛行機製作を夢見て福岡県立福岡工業学校（旧制）機械科に入学。工業学校三年生のとき、福岡日日新聞（現・西日本新聞）主催の模型飛行機大会にゴム巻きのプロペラ機にまじって、唯一、エンジン付きの模型飛行機で参加した。機体が重すぎて空を飛ぶことはできなかったようだが、その努力と将来性を評価されて最高の金賞を受賞している。

現存する最古の国産車アロー号

模型飛行機大会から数日後、新聞記事を見た実業家・村上義太郎が学校を訪問、「これからは自動車の時代だ。援助は惜しまないから、一緒に自動車をつくろう」との提案を受けた。まず村上が所有するフランス製の一人乗り三輪車を、二人乗り四輪車への改造に取り組み、これを完成させた。大正二年、福岡工業学校を卒業した倖一は、「日本の国情にあった純国産の自動車」の製作にとりかかった。苦心のすえ、やっとのことで車台はできあがるのだが、エンジンがかからなかった。第一次世界大戦の青島作戦で捕虜になっていたドイツ人で、福岡に収容されていたベンツの技師に見てもらいアドバイスを頼んだ。エンジンの爆発に必要な混合気（燃料気体と空気を混合したもの）をつくるキャブレターに不具合があるとの指摘を受け、英国製キャブレターを手に入れるため上海へと渡った。購入してきたキャブレターを取り付けると、快適なエンジン音で、手づくりアロー号は走り出したのである。

自動車メーカーが生産したトラックの車台の上に、特定の用途や目的のための車体を設計・製造し取り付けたり、あるいは車体や車台に対して改造を加える〝特装車のパイオニア〟として社歴を刻んできました。各分野で物流を担うお客さまのご要望をもとにさまざまな製品の開発に積極的にチャレンジしてきました。それらの要望を一つひとつ実現してきたのですが、まさにお客さまに支えられ、お客さまとともに発展した歴史であったと言えます。

アロー号はその後、車体の製作にとりかかり、外側は薄いアルミ板、内側は何枚もの和紙を柿渋で固めてつくり、大正五年八月に完成した。(2) ホーンには、近くに鳴らす手押し式と、遠くへ伝える足踏み式の二つを付けた。照明はヘッドランプ二個にカーバイドのアセチレンガスを使い、尾灯は石油ランプ。各パーツへの操作

村上義太郎（左）と矢野倖一（大正４年）

指示には紐を使い、滑車代わりに裁縫の糸巻きを利用した。製作実費は一二二四円七五銭で、高級な輸入車が買える金額だったと伝わる。

このアロー号、昭和三五年（一九六〇）九月、ＮＨＫの当時の人気テレビ番組『私の秘密』に、「日本に現存する最古の国産車」のタイトルで登場、スタジオ内を矢野羊祐氏が運転してアロー号の健在ぶりを披露したという逸話が残る。

製作している特殊車は、冷凍・冷蔵車、タンクローリー、ウイング車、車両運搬車のほか、ジェット旅客機が乗り入れる大きな飛行場で地下配管から航空機の給油に使うサービサーや、地方空港で車のタンクから燃料を直接注油するレフューラーなどの航空ローリ、航空機に機内食を積み込むフードローダーやＪＲコンテナ、災害や事故の最前線で働く救助工作車などの特装車と多種多様です。これを売上比率で見ると、冷凍・冷蔵車が七七％、タンクローリーが一〇％、特装車が三％で、残り一〇％はサービス・メンテナンスとなっています。

一品受注で、手づくり生産

国内で特殊自動車を製造するメーカーの数ですか？　一般社団法人日本自動車車体工業会という全国組織があり、私は九州支部長を務めているのですが、正会員は一八四社です。この組織に入っていない中小のメーカーもありますから、実際には四〇〇社近くあるのではないでしょうか。

主な発注元は物流業者の方々ですから、地域、地域で運ぶモノが違います。気候や道路事情が、地域によって大きく違います。お客さまのご要望も地域によってそれぞれ異なります。特殊自動車製造の基本は、地場産業なのです。その地域での要望に最適な車体を製造し、販売するということです。

当社の業務に関して言えば、一台一台を完全な受注生産で取り組んでいます。どの種類の車をどのお客さまに使っていただいているかという情報はすべて把握していますし、現在取引のある北海道から沖縄まで全国一〇〇〇社以上のお客さま一人ひとりの顔は分かっているというか、ご要望を理解しています。

大正七年（一九一八）、福岡市内に外車を扱う簗瀬商会（現・株式会社ヤナセ）が進出した際、二五歳の矢野倖一は修理部門の責任者（主任）として迎えられた。同九年、熊本県土木課からダンプボディー製作の依頼が届き、倖一は国産初のダンプカーを考案。荷台から一気に土砂を落とす威力が評判となり、九州各地から注文が殺到した。

大正一一年秋には、福岡市春吉（はるよし）で「矢野オート工場」の看板を掲げた。工場内は、町工場とは思えないほどの当時の最新鋭機械が揃っていたという。

大正一二年、石炭の積載に便利な油圧式ダンプボディーのトラックを考案。これ以後も、昭和三年（一九二八）、国産初の小型牽引車（発注元・長崎三菱造船所）、昭和四年には、生まれ故郷芦屋町からの依頼で町の地勢にあった消防自動車ポンプを開発、昭和八年、国産初の電気溶接機装備自動車

矢野オート工場設立時（大正 11 年）

（発注元・八幡製鉄所）や道路舗装用アスファルト乳剤自動製造散布車（納入先・佐世保市役所など）、昭和九年、広範囲散水車、昭和一〇年、二重安全ハシゴ車や自動吸入注出機能をもつガソリンタンク車、同一一年、雁ノ巣飛行場の建設に活躍したガソリン機関車を製作している。

特殊車の業界は販売をディラーに依存する傾向がありますから、ディラーの決算期である三月、九月に〝忙しい波〟がくるという歴史がありました。ところが当社の場合、最近は納期までに一年以上かかる状況となり、フル生産で対応を続けています。また、先日開催された日本自動車車体工業会の総会の席上、「冷凍庫の中型・大型の平均の保有年数は一六・二年」ということが報告されていました。年々性能が良くなり、壊れなくなっているのは、間違いないことですね（笑）。

当社が目指しているのは、製造する各製品が〝トップブランド〟となることです。例えば大型冷凍車に関しては、すでに全国シェア三〇％を超えていますし、四〇％の大台達成も夢ではないと思っています。

全国展開への歩みに拍車

昭和四〇年代に入り、家庭に冷蔵庫が普及し、冷凍食品の開発・普及が進みました。生鮮食品や冷凍食品を産地から消費地まで一貫して低温、冷蔵、冷凍の状態を保ったまま流通させるコールドチェーン網が日本全国を縦断して形成されました。当社は長い間、本社以外に営業拠点を持ちませんでしたが、昭和四九年（一九七四）に鹿児島市に南九州支店を置いたのを皮切りに、営業所を全国各地に設置していきました。

平成一五年（二〇〇三）には、滋賀県に工場をもつ同業の会社から全営業を譲渡されました。このことは、全国展開への歩みにより一層拍車をかけることになりました。

昭和一二年、倖一は手がける車両が多種多様に広がるなか、工場を福岡市博多区美野島(みのしま)に移転した。同一三年には、工場敷地内に「私立矢野自動車工業青年学校」を開設し、一期生二五人を入学させた。昭和一七年、海軍管理工場の指定を受け、社名も「矢野特殊自動車製作所」と変更した。

太平洋戦争後の昭和二一年九月から二三年二月までは、駐留米軍から自動車整備工場の要請を受けた。そして昭和二八年、株式会社に改組、新たな歩みを始めた。

昭和二九年には、九州電気工事（現・株式会社九電工）から電気工事作業車製作を依頼される。同時期、西日本鉄道からは大牟田線の架線の張り替えなどを行う作業車を受注している。

昭和三〇年代に入り、自動車による輸送が急増し、特殊車業界が飛躍的に発展するなかで、昭和三三年、福岡運輸株式会社から依頼のあった日本最初の冷凍庫付冷凍車の開発に成功した。この冷凍車は駐留米軍の食糧輸送に導入された。このほか、石油などを運ぶタンクローリー車、空港関連車両のフードローダーなどユーザーの要望に合わせて多種多様な特殊車を次々と世に送り出した。

平成一九年、私は父・矢野羊祐から社長を引き継ぎましたが、就任直後に、サブプライムローンに端を発するリーマン・ショックに見舞われました。厳しい船出を経験することになり、市場環境がいかに変化しようとも、その変化に対応する準備や努力の積み重ねが大切であること学びました。

日ごろから強靱な企業体質をつくっておこうという気持ちが強くなったのですが、そのためには変化する市場環境のなかで、お客さまの現場でいま必要とされている技術を追求することが何より大切です。お客さまの要望に応える新技術を提供すること、それこそが求められていると考えています。

トラックドライバーが望む車開発

物流業界はドライバー不足が大きな問題となっています。国内の長距離ドライバーの平均年齢が五〇歳を超えていると聞きます。モノを運べない時代が到来しつつあります。

当社としては、ドライバー不足による物流危機の時代に、〝安全で、楽に〟運転ができ、しかも〝美しく、かっこよく〟運べる車、言葉を換えればトラックドライバーが乗りたくなるような、使い勝手の良い車を開発し提供していくことが役割だと考えています。

昭和四一年（一九六六）、福岡市東区に本社・工場を移転した。敷地面積は従来の約三倍、建物が約二倍の広さとなり、高圧洗浄車、ごみ収集用のバッカー車などの環境整備車両や、軌道兼用架線工作車、停電工事用ケーブルリール車、活魚運搬車を次々と開発していった。

昭和五五年には、本社・工場を糟屋（かすや）郡新宮（しんぐう）町へ移転。最新鋭の設備が整った、業界も注目する近代的な工場を建てた。このとき、社名から「製作所」の三文字を外し、「株式会社矢野特殊自動車」と改称した。どこでも放映できる巨大なテレビスクリーンを車に載せた移動式オーロラビジョン車を完成させたのは、移転して間もなくであった。

その後も、低温型ウイング式冷凍車のほか、航空機や空港に関連した特装車を続々と生み出した。

昭和三〇年代以降、モータリゼーションの発展でトラックが増えるなか、「このような荷物を運ぶ車を」というお客さまの要望に試行錯誤でチャレンジして、一台一台の特殊車をつくってきました。当時はピカピカのベンチャー企業でしたが、六〇年が経過して特殊車業界も成熟産業になり、下手すれば衰退に向かうかもしれないという危機感を持っているのもまた事実です。

顧客の〝技術パートナー〟目指す

当社は中小企業です。勝てる領域に集中し、小さいけれども圧倒的な差別化をしていかなくてはなりません。例えば、当社が開発したタンクローリーのシーソーパイプは、残油を一滴も残さず安全性を格段に高めるというものです。技術自体は、パイプをシーソーのように上下左右に動かすという、〝小さな工夫〟です。また、コーナーライトは、バンの天井中央の大きな照明器具を小さくして天井隅に並べることで結露(けつろ)による商品事故を防ぎ、しかも照度も上がり作業効率を高めました。こちらも〝小さな工夫〟です。

お客さまから寄せられた相談に応えて、要望を実現すればよいという時代は終わりました。現在は、お客さま自身も気づかない要望を見つけ出し、お客さまにソリーション(問題解決)とともに提案する時代へと、環境は大きく変化していると思っています。このよ

本社外観

う状況のなかで、目指しているのは、お客さまの「輸送品質」や「輸送効率」を高める〝技術パートナー〟という立場なのです。

◆

〈注〉

（1）「小学校の時、父親に買ってもらってから病みつきでした。少年時代からの数十冊のアルバムは、撮影の月日と説明が、タイプライターできちんと添えられてあります」（矢野羊祐・矢野特殊自動車相談役／「博多に強くなろうシリーズ NO.76 走れ〝アロー号〟」より）

（2）「倖一の軽量化は徹底していて、四人乗りの車は、四人で持ち上げられる重量に、二人乗りなら二人で、オートバイは一人でと言っていました」（矢野羊祐・矢野特殊自動車相談役／「博多に強くなろうシリーズ NO.76 走れ〝アロー号〟」より）

〈主な参考資料〉

「the 60th ~ ANNIVERSARY ~ YANO SPIRIT II」（矢野特殊自動車・二〇一六年三月発行）
「博多に強くなろうシリーズ NO.76 国産自動車のパイオニア 走れ〝アロー号〟――現存している最古の国産車」（西日本シティ銀行・二〇〇六年一月二〇日発行）

（「西日本文化」二〇一六年一〇月発行）

佐賀新聞社

佐賀の人々と喜怒哀楽をともに提言力ある新聞づくり目指す

日刊紙初のフィルム製作導入

隣県である福岡には朝、毎、読の全国紙の西部本社があり、またブロック紙の西日本新聞の本社がある。これらの新聞との激しい販売競争のなかで、五〇％以上の普及率を達成できているのは、県民の皆さまに応援していただいているおかげだと感謝しています。言葉を換えれば、競争が激しい割に、そのシェアを高く維持できているのは、ライバル各紙に鍛えられてきたおかげだとも言えます。

全国紙やブロック紙に比べ、地方紙である県紙の経営規模は小さい。中小企業というかオーナー企業のメリットは何かといえば、即断即決であり、スピーディさ。他社がやらないこと、やりにくいこと、やりたがらないことを果敢にやって

◎語り人
社長　中尾清一郎さん
（なかお・せいいちろう）
◎プロフィール
昭和35年（1960）、佐賀市生まれ。県立佐賀西高校―早稲田大学商学部卒業。昭和59年、佐賀新聞社入社と同時に岐阜日日新聞社（現・岐阜新聞社）へ出向。翌60年、父で同社社長である清澄氏の死去に伴い、代表取締役社長に就任する。子どものころから、エジプト古代文明に興味を持つ。「3000年続いた文明の連続性、永遠性、壮大さに興味がありますね」。

企業DATA
社　　名：株式会社佐賀新聞社
創 業 年：明治17年（1884）
住　　所：佐賀県佐賀市天神3-2-23
電　　話：0952-28-2111

いく姿勢だと思います。弱きものの知恵でもありますね（笑）。

五〇年前の話になりますが、昭和四三年（一九六八）三月に全国の日刊紙で初めて、重い鉛活字を止め、フィルム製作に切り替えたという社歴が残っています。翌四四年一〇月には、新聞製作の分野において画期的な改革を行ったということで、日本新聞協会賞（経営・業務部門）もいただきました。技術革新は、小規模社によいことをもたらすという経験知が、このことで当社には蓄積されたのです。紙面はきれいになり、省力化も可能になりました。

きっかけは、昭和三七年に発生した本社の火災でした。火事で散乱した活字の母型である鉛を再び組み立てなければならなったのですが、当時、常務だった父・清澄（きよと）は、「鉛活字を使わないで、新聞製作をする方法はないのか」と考えました。この素朴な疑問が、全自動写植化の導入による経営の合理化につながったのです。

フィルムによる紙面制作に転換したころの工務局

インターネットと同調した歩み

父である清澄の急死で私は社長の職に就いたのですが、大学を卒業して二年目の二五歳だったこともあって、業界の保守性とトップの方々の平均年齢の高さには驚きました。

その当時の新聞社の社長というのは、功成り名遂げた方ばかりでした。いま振り返ると、私は皆さんから孫のようにかわいがってもらいましたから、一方的に得しましたよね（笑）。

社長になって三一年になるのですが、この間に技術革新の入口から出口までを経験しました。技術革新は人間を幸せにするものでなければなりません。インターネットが登場したときに、「電子紙芝居ではないか」などと否定的に見ている人々もいましたが、それは不見識だと思いました。インターネットの最大の機能は、検索だと考えていますが、「検索をしたときに、驚嘆しませんでしたか」と言いたかった。

辞書を引いたり、図書館に籠（こも）って半日がかりで調べていた事柄が、一瞬にして画面上に表示されるのです。インターネットはすべてのものに取って変わるだろうし、歩みを一緒にしないと、破滅するだろう。その考えは今でも変わりません。ただし、モバイルがこれほどの速さで普及することは、予測できませんでした。パソコンは要らないものにさえなってきている。これこそが、「技術革新は加速する」ということでしょうね。

骨ある記事、提言力ある新聞

インターネットのヘッドラインニュースを毎朝、起きがけに枕元に置いたモバイルで見ます。ニュースの価値のつけ方が従来のメディアと違うことに驚かされる。世界を揺るがすような大事件の隣に、芸能人の結婚や離婚の報道が載っている。その

佐賀新聞旧社屋時代の編集局（資料・佐賀市・昭和 45 年ごろ）

ニュースのごちゃ混ぜ感は、新聞ではあり得ません。ヘッドラインですから、同じ一行です。新鮮にさえ感じています。

とは言え、ヤフーニュースに載っていないことは知らなくてもいいとなったら、残念ながら、それは〝知の衰退〟です。モノを知る態度とか、知性を深めるプロセスとして、心配です。だからこそ、とっつきはローカルの柔らかいニュースではあるのですが、よく読んでみると骨のある記事や提言力がある、そんな新聞づくりを目指しているのです。

均質な知性を担保してきた新聞

家庭で新聞を購読し、毎朝、玄関先まで取りに行き、開くという一連の作業をする人が少なくなっています。いま、新聞のコアな読者層は六〇代、七〇代の「団塊の世代」というリタイア組の人たちです。この世代より下の人たちは、実際にビジネスの世界でインターネットに触っており、急激にモバイルにシフトする可能

15 芸能・情報 2017年(平成29年)1月28日(土曜日) 佐賀新聞

すこやか♥佐賀っこ

孫といっしょに

同窓会

二里小学校(伊万里市二里町)

千代田中学校(神埼市千代田町)

旧大川中学校(伊万里市大川町)

城西中学校(佐賀市本庄町)

北鹿島小学校(鹿島市常広)

城東中学校(佐賀市巨勢町)

県民の“顔”が登場する紙面づくりを目指す

性がある。今後ますます朝食の食卓に新聞がある、という風景は失われていくでしょうね。もちろん、新聞には、日本の均質な知性を担保してきたという、重要な役割があったのは事実です。

もっと部数が減り、固定の人にしか読まれなくなったときには、〃先祖返り〃というか、もっと論調をはっきりした方がよいと思っています。「いまどき紙の新聞を宅配で取っている家は珍しいね」と言われながら、その家庭には一定の知力があり、購買力、経済力があるという証にもなる。そうすると、新聞は広告媒体としては今より有力になります。今の新聞を取っているけど、テレビ欄とか、チラシしか見ないという人も含まれる購読者よりも、明らかにその層が絞り込みやすくなる。マーケティングのツールとしては、部数やシェアが下がった新聞の方にこそ、むしろ価値が高まるかもしれませんね。

何よりも読まれる新聞づくりを

中期的、あるいは短期的に県紙は全国紙やブロック紙の販売を代行していくようになるでしょう。すでに新聞社ごとの従来の販売店システムは維持できなくなりつつあるのです。その結果、一時的に地方紙の経営は好転します。しかし、その後は間違いなく逓減（ていげん）していくことが予測されます。

これからの新聞社は、規模の大小に関わらず、苦境に立ちます。そこでさまざまな手を打てる社もあるでしょうし、ＩＴを毛嫌いしていく社とか、新聞の販売店をうまく整理できない社

毎年、学術や芸術分野の発展に貢献した人を表彰
（写真は平成 27 年度）

も出てくる。苦労の度合いに違いが出てくるでしょうね。人材の確保についても、当社のリクルートは年齢不問、学歴不問、通年採用です。中途採用をハッキリと打ち出したのは、三年前からです。新卒のリクルートの限界を感じているからでもあります。

とは言え、経営的にはおもしろくなると私は思っています。先ほども言ったように短、中期的には、県紙はよくなりますが、その後にくるのは、コアな新聞読者とSNSを中心としたモバイルの読者をうまくミックスすることです。最終的に、新聞購読料は無料にしてもいいと思っています。もちろん広告収入で採算がとれれば、の話です。そのためには、何よりも読まれる新聞づくりを、注目されるニュースサイトをローカルの新聞社としてどれだけ充実させることができるか。そのことにかかっています。

例えば、紙面に「おくやみ」の欄があるのですが、原稿は前の夜にできあがっているのですから、原稿が組み上がった段階でお見せすることは、パーソナルサービスとして可能な時代です。「おくやみ」欄をつくるには、アナログな人海戦術しかありません。人間しかできないことに特化するという意味で、どれだけ内容を充実させてもいいと考えています。毎月、この欄に佐賀新聞が何人載せ、他紙は何人載せたかを、必ずチェックしています。掲載人数の多さと情報の正確さでは、絶対に負けません。

佐賀県の皆さんが新聞に載ることの復権を目指しています。生まれた記事、亡くなった記事、それにプラス

「さが桜マラソン」を、佐賀県と佐賀市などとともに主催する

何かの記事です。これは意識的にやっています。

佐賀に住む人たちと喜怒哀楽をともにしていくなかで、時には真剣に地域の将来を考え、時には読者や広告主のご機嫌を損ねても主張・批判しなければならない事柄が生まれることもあるでしょう。しかし、それも佐賀新聞に携わる私たちが佐賀に住み、逃げも隠れもせずに共通の幸福目標を追求しているという信頼感があれば、認めてもらえることだと信じて日々、新聞づくりをしているのです。

佐賀新聞一三三年の歩み

明治一七年（一八八四）八月一日、佐賀新聞の創刊号は発行されている。そのなかの一節には、「それ新聞紙はその土、文運の度、風習の情態を表すものなり。故にその他、文明の度ますます高ければ新聞の品格また従って高く、その他、風習いやしければ、新聞紙の品格また従って下る」とある。まさに、新聞発行の〝理念〟ともいうべき言葉である。

佐賀新聞が創刊にあたって採用した題字は、宮中顧問官や枢密院副議長などを歴任し、第一次松方内閣では内相も務めた佐賀生まれの明治の偉人・副島種臣が揮ごうしている。書の達人でもあった副島は、佐賀新聞が創刊された同じ年、勲功によって「伯爵」を授けられているのだが、二つの祝事を兼ねて特別に筆をとってもらったのだと伝わる。

日刊新聞の形をなした新聞が国内で初めて発行されたのは、明治五年二月のこと。東京で発刊された東京日日新聞（のちに毎日新聞が買収して号数をそのまま引き継ぐ）である。同年、佐賀県内でも新聞が発行されたようだが、わずか二ヵ月で休刊している。「明治十五年（一八八二）に佐賀県再置運動が起こるとともに、新聞の必要性が痛感され、新聞発行の機運が高まった。二年がかりで人材と資金を集め、印刷機械を据え付け、かくて八月一日創刊号、二十四日に第一号を発行、日刊紙として第一歩を踏み出した。それは佐賀県における新聞の事実上の草分けであり、あけぼのであった」「発行当時は、写真はなく、木版ずりでミノ紙四枚つづり、記事は大ニュースも一段で、小見出しだけ。いまの官報のようであった。広告のスペースは大きかったが、新聞経営の大半は購読料でまかなわれた。一部一銭八厘で一ヵ月三八銭、三ヵ月一円。米一升（一・五キロ）が六銭だったからかなり高い。発行部数も千部ほどであった」（「佐賀新聞にみる佐賀の八五年」より）

佐賀新聞の初代社長に就き、主幹を務めたのは、江副靖臣（えぞえやすおみ）である。江副は佐賀藩が設立した藩校の佐賀弘道館を経て、横浜でプロテスタント系宣教師夫妻が開く私塾のヘボン塾（ミッションスクールの明治学院やフェリス女学院の源流となる）で学んだ。その後、郷里の佐賀に帰り、代言人（現在の弁護士）を開業。新聞の発刊を思い立ったのは、「おくれていた地方文化の開発に努めようとするひたぶる気持ちからではあったが、ロクを離れて糧道を断たれた士族の子弟たちに就職の道を拓こうというねらいもあった」（「佐賀新聞七十五年史」より）

江藤新平の征韓論に共鳴し、佐賀の乱にも一兵卒として出兵した経歴をもつ江副は、自由民権運動の主導者として知られる板垣退助とも親交が深かったという。政治的には自由党系であった佐賀新聞をバックにして、政治的な地歩を築き、佐賀市会議長、佐賀県会議長などの要職を経て、衆議院議員選挙にも当選している。

◇◇◇

「昭和十三年（一九三八）、社長空席のまま経営を続けていた佐賀新聞は、社長待遇の顧問に栗原荒野（くりはらあらの）（葉隠研究家）、編集総務に中島哀浪（なかじまあいろう）（歌人）を迎えて再出発したが、うまくいかず、同年十一月、佐賀毎夕新聞社長の中尾都昭（くにあき）が買収して両紙を合併合同、新生佐賀新聞が誕生した。戦争で紙事情が悪化したこと、中央紙が、大陸との往来に便利な門司、小倉に相次いで発行本社をつくったことなどが両紙合併の伏線としてあった。このあと、昭和十六年から十七年にかけて、一県一紙制が断行された」「一県一紙に沿って、昭和十六年（一九四一）五月一日、佐賀新聞が佐賀日日新聞を併合、佐賀合同新聞と名づけて発行、社長に中尾都昭が就任した」（『佐賀新聞百年史』より）

昭和一九年（一九九四）五月には、「佐賀合同新聞」の名称から、「佐賀新聞」に復帰している。

中尾都昭は明治二七年、佐賀郡久保田村（現・佐賀市久保田町）に生まれた。一八歳で海軍を志願、佐世保海兵団に入隊し、中国沿岸警備に参加した。二四歳で退役後は佐賀に帰り、大正五年（一九二六）、自ら農業青年新聞社を設立、月刊「農業青年新聞」を発行。昭和六年には、日刊紙「佐賀毎夕新聞」を創刊した。「新聞は政治に中立的な商業新聞でなければ経済的に独立した経営はできない」との信条のもとに、編集は編集局長に一任に、自らはその経営に専念したという。

昭和二二年九月、戦時中の報道関係者として、とくに海軍の嘱託を受けていたことなどの理由によって戦犯に問われ、いったん社長の職を解かれるのだが、昭和二五年一〇月には追放は解除され、社長に返り咲いている。「玉音放送をラジオで聞いて国民は戦争に負けたことを知るのですが、その八月一五日の二日前に、祖父の都昭は日本が降伏する情報を持っていたようです。戦争への協力者として死刑になることも予測して泣いたという話

佐賀新聞

佐賀新聞創刊号（明治 17 年）

を私にしてくれたことがありました。りっぱなお爺ちゃんでありたかっただろうに、そんな話を孫の私にしてくれたことはいまでも印象深く残っています。正直な人だったと思いますね」（中尾清一郎）。

積極的な経営方針で、佐賀新聞の県紙としての地位を確立させた都昭。そんな都昭が好んだ言葉は、自力によって我が道は閉ざされ、他力によってのみ道は開かれる、を意味する「他力本願」だったという。

都昭は昭和五五年、八六歳で亡くなっている。社長、会長としての在職は四一年という長期にわたった。そして強い個性で社内外を引っ張った都昭の跡を継いだのは、息子の清澄であった。昭和九年生まれの清澄の信念は、「佐賀県の発展なくして県紙の伸長はあり得ない。われわれ社員が常に考えなければならないことは、社員一人ひとりが県の発展に何ができるのか、何をなすべきか——を絶対に忘れてはいけないということ。そして、願くば、薩摩、長州、土佐、肥前の一角にあって、明治維新の大事業を成し遂げた、かつての栄光を今日の佐賀県に取り戻すことである」（「佐賀新聞百年史」より）であった。

昭和六〇年、清澄は五一歳で急逝し、現在の社長・中尾清一郎が跡を継いだ。

◆

〈主な参考資料〉

「佐賀新聞七十五年史」（佐賀新聞社・一九六〇年発行）
「佐賀新聞にみる佐賀の85年」（佐賀新聞社・一九六九年発行）
「佐賀新聞百年史」（佐賀新聞社・一九八四年発行）
「最初にやらねば——佐賀新聞、写植移行の記録」（川添繁雄著・一九九三年発行）

（「西日本文化」二〇一七年四月発行）

アサヒシューズ

日本一の靴メーカー目指して
新社名でスタートを切る

国内工場でオンリーワンを生産

日本の靴市場でメイド・イン・ジャパンの比率は七％程度です。この現況のなか、弊社の売上の七〇％は国内産ですが、さらにこのウエイトを高めて、「日本一の靴メーカーになろう」と社員には呼びかけています。

「何が日本一か？」というと、当然ですがまず品質です。そして、二番目が利益率です。国内の工場でオンリーワンの商品をつくれば、価格は自社で付けられますから、利益にもつながりやすくなります。

さらに取引先である靴の販売店を支援する、「アサヒスタイル」というわが社の営業活動です。靴店に搬入した時点で売上は計上できるのですが、そこで終わりではなく、私たち

◎語り人
社長　佐藤栄一郎さん
（さとう・えいいちろう）
◎プロフィール
昭和30年（1955）7月、福岡市生まれ。福岡大学経済学部卒。昭和53年4月、旧日本ゴム株式会社入社。取締役営業本部長などを経て、平成26年（2014）3月、代表取締役社長に就任する。モットーは、なんでもないような当たり前のことを徹底的に行うことを意味する「凡事徹底」。趣味はゴルフ。

企業DATA
社　名：アサヒシューズ株式会社
創業年：明治25年（1892）
住　所：福岡県久留米市洗町1
電　話：0942-37-1020

は、消費者に購入いただくまでを営業活動と考え、力を入れています。靴屋さんの商品棚の掃除や販促ポスターを貼ることなど、弊社の社員の手で行います。また許可をいただければ店外の看板を弊社の費用で付けさせてもらっています。品質、利益率、営業活動、この三つの項目それぞれにおいて、日本一の会社を目指していこうということです。

アサヒシューズの前身である「志まや足袋」は、明治二五年（一八九二）に石橋徳次郎が開いた仕立物業「志まや」に始まる。徳次郎の二人の息子、重太郎（二代目徳次郎）と正二郎は仕立屋をやめて足袋事業に転換。ミシンや裁断機を採用して機械化を図った。大正三年（一九一四）、商標に「波にアサヒ」マークを採用し、それまでサイズや色、生地により価格が異なっていた足袋の価格を均一にして販売し成功。大正五年には、現在地での新工場建設に着工した。同一一年、テニスのズック靴に着想を得て、〝履物史上の革命〟といわれるゴム底を貼り付けた地下足袋を開発。試作品を大牟田の三井三池炭鉱に持参し、炭坑で働く人々に試用してもらった。湿気の多い坑道内でも滑らず、踏ん張って作業がやりやすいと好評を呼んだ。この軽くて滑りにくい地下足袋は、翌年発生した関東大震災の復旧作業でその機能が注目され、作業用の履物として重宝されたという逸話も残る。

九州で初めて自動車を購入。企業 PR に活用した（大正元年）

まちの靴屋が国内で減りつつあるなか、弊社の商品を置かせてもらう店舗として、薬局や電器店などを新たに開拓しています。電器店を回っていると、地域のことをよくご存知なことに驚かされます。電器器具は取り付けまでやりますから、各家庭の事情にも詳しい。電器店の店主は「何でも屋」で、犬の散歩から植木の剪定のお手伝いまでするときもあって、地域との強いつながりができているそうです。靴屋さん以外の異業種の店主の方々からそういう話を聞くことは、本当に勉強になります。

平成一六年（二〇〇四）に、九州大学との共同開発で足型測定器を発表しました。この器具を使った測定会開催の案内チラシをそれらのお店の周辺に配り、ご来店いただいた方に弊社の社員が測定して差し上げます。測定後、お買い上げいただいた靴の代金はその店の売上です。一足二万円前後する弊社の靴が仮に一〇足売れたら、それだけで二〇万円になります。

一日の売上が数万円という地方の小さなお店であっても、お客さまが求める商品を置くことができれば売上が取れる。このことを実感して、それまで、「シャッター通りでお客さんが少ない」と嘆いていた店主の方々が、やる気を出し、「繁盛店にしたい」と変わられる姿を見るのは私たちにとっても喜びです。

——昭和四年（一九二九）からは、アメリカやヨーロッパのほか、アフリカへの靴の輸出を始めた。同年、正二郎はゴムの刻み方など

工場敷地内は、社員であふれた（昭和 10 年ごろ）

で培ったゴム製造の技術を活かし、社内にタイヤ部門を立ち上げ、二年後の昭和六年には、ブリヂストンタイヤ株式会社（現・株式会社ブリヂストン）として独立した。

昭和一二年、社名を「日本足袋株式会社」から「日本ゴム株式会社」に変更。「アサヒ靴」は、業界トップメーカーの地位を確立した。

戦後、本社を東京に移し、昭和六三年には、CI（Corporate Identity）を導入、企業の近代化を図るとともに、社名を「株式会社アサヒコーポレーション」に変更した。

地下足袋の宣伝用ポスター（昭和30年前後）

「社会に生かされている」を実感

平成二九年（二〇一七）の三月末で会社更生法における更生計画が終了し、四月一日から社名も「アサヒシューズ株式会社」に変えました。まだ新たな一歩を踏み出したばかりです。これまでは裁判所に守られていたものが、自力でやっていかなくてはならないということで、緊張感もより高まっています。

更生計画のなかで、弁済は終わりました。原料や材料関係を供給していただいている大半の取引先は債権者でもあるのですが、「アサヒが再建するなら応援してやろう」と、この約二〇年間、取引を続けていただきました。弁済が終わったというよりは、「社会に生かされている」という意識の方が強い。本当のお返しはこれからだ、と身を引き締めて新たなスタートを切ったというのが正直な気持ちです。

平成一〇年三月、経営破たん。負債総額は一二〇〇億円にのぼった。本社を福岡県久留米市に移転し、会社更生法の手続きを申請した。生産体制は、為替リスクや現地の情勢変化に左右されやすい海外中心から国内中心にシフトした。当時三六カ所あった倉庫は、久留米と東京の二拠点に整理し、最終的には久留米一拠点に集約して、大幅な在庫削減を図った。この間、退職金社内預金を含め三一〇億円あった更生債務もすべて支払い終え、平成二八年には無借金の会社となった。

更生計画の期間は、売上よりも利益を重視しました。「儲からない商品はつくらない、儲からない商売はやらない、縮小する」という経営方針でやってきました。ＯＥＭや特注からは撤退し、掛け率も見直しました。これらの実施は当然、一部取引先から反発を受けました。また回収を改善するため、支払いは手形から現金に、内金から全額にしていただきました。

商品開発についても、従来からの春夏・秋冬の二シーズン提案を、国産主力で随時としました。製品の企画から完成までの期間の短縮を図ることで、的確な商品供給体制を整えてきました。商品構成、取引先の改善もほぼ完了しましたので、これからは利益とともに、売上の拡大を図っていく方針です。

更生管財人に、「このヒット商品が生まれていなかったら、再建を断念していたかもしれません」と言わせたのは、国内工場で生産する高齢者・介護用シューズの「快歩主義」である。平成一二年六月に発売し、福岡県産業デザイン賞大賞、グッドデザイン賞を受賞、発売半年で五万足、その後は毎年五〇万足のペースで販売

し、現在までの累計販売足数は八〇〇万足を突破している。

「高齢者向けの介護シューズは、各靴メーカーが競って商品を出していますが、いま弊社の『快歩主義』が業界のなかでのナンバーワンブランドとなっています。この商品は年間を通じて売れますから、工場も年間を通じて稼働させることができます。また価格帯も三九〇〇円が主流のなかで、弊社は五九〇〇円で販売しています。十分に利益が見込める商品なのです」（佐藤社長）

物流、工場、経理など、営業経験のまったくない社員で構成された販売チームが、東京、大阪、九州エリアの老健施設、介護ショップ、薬局などへの訪問を繰り返した。そして、「快歩主義」ブランドを構築していったのだという。

久留米本社外観

靴を通じ、健康づくりに貢献

営業の拠点も、二九拠点から一〇拠点に集約しました。ダイレクト・セール制を実施していますが、営業担当のスタッフ約二二〇人のうち約六割は在宅営業員で、自宅から会社に寄らずに直接、店舗を訪問します。自ずと店舗への訪問頻度も高まり、これが各店舗へのサービス強化にもつながっていると思っています。

弊社が販売に力を入れる自社ブランド商品としては、「快歩主義」のほかにも、ひざのトラブルを予防する独自機能を搭載した「アサヒメディカルウォーク」、優れた防水耐久性と透湿性を兼ね備えたゴアテックスを採用し、雨や雪の日でも快適な「トップドライ」などがありますが、いずれも〝オンリーワン〟のオリジナル商品です。弊社の企業理念でも掲げているように、靴を通じて、日本の健康づくりに貢献させてもらっています。

アサヒシューズでは、国内でも数少ない技術を使用しての靴製造を継続している。一〇〇℃以上の熱を加えることによって、ゴムを加硫(1)させ、靴のシルエットを整える。型くずれがしにくく、足になじみやすいという特徴があるという。

これからも自社オリジナルの商品開発に努め、独自の営業スタイルと独自の仕組みで一人でも多くのお客さまにそれらの商品を提供する、そんなオンリーワンの日本一の靴メーカーを目指していこうと考えています。

◆

〈注〉

（1）生ゴムに硫黄などを加えて熱し、ゴム分子を強固に結合させ、温度変化による塑性流れや、弾性、強度などゴムの性状を改善する操作

〈主な参考資料〉

「アサヒスタイル―くつ小売店と共にあゆむ」（アサヒシューズ発行）
「西鉄&西鉄バス沿線の不思議と謎」（宮崎克則監修・実業之日本社）
「あなたの知らない福岡県の歴史」（山本博文監修・洋泉社）

（「西日本文化」二〇一七年一〇月発行）

梅津正平商店

人々の生活と密接な太鼓の響き
この音づくりの伝統守る

創業から一九五年、八代目を継承

店名となっている「梅津正平（しょうへい）」は、創業者である初代の名前です。梅津家は、もともとこの地域の庄屋でした。漢方を扱う薬屋を手はじめに履物屋など手広く経営しており、その商いの一つが、太鼓の製造・販売だったようです。薬屋は、戦後、後継者がおらず廃業し、太鼓屋だけが今日まで残っているということです。

現在は、劇場、神社・仏閣はもとより、幼稚園の遊戯会や小学校の教材用、あるいは中学・高校・大学の応援太鼓や卒業記念の品になど、各方面からご用命をいただいています。また各地の公民館や老人ホームの催し物でもお使いいただいています。取り扱っている主な商品は、長胴（ながどう）太鼓（宮太鼓）、

◎語り人
社長　梅津義博さん
（うめつ・よしひろ）
◎プロフィール
昭和46年（1971）10月、熊本市生まれ。福岡大学商学部卒業。大学在学中に梅津家の長女と交際を始め、入り婿に入る。先代で義父の幸弘氏と番頭の高木淳吉氏の指導を受け、太鼓職人としての修行を積む。

企業DATA
社　名：株式会社梅津正平商店
創業年：文政6年（1823）
住　所：福岡県福岡市博多区千代3-6-1
電　話：092-651-0322

平釣(ひらづり)太鼓、締(しめ)太鼓、桶胴(おけどう)太鼓のほか、各種の太鼓台やバチ、ジャンガラ（手拍子、すり鉦(がね)）、当鉦(チャンチキ)です。

和太鼓が息のながいブームをつづけている。昭和四六年（一九七一）、新潟県佐渡島で結成されたプロの創作和太鼓集団「鬼太鼓座(おんでこざ)」や、昭和五六年、鬼太鼓座から独立し、国際的な公演活動を展開する「鼓童(こどう)」、さらに平成五年（一九九三）、「世界で通用するエンターテイメント」という目標を掲げて結成され、現在は大分県竹田市久住町を拠点に国内外で活動する和太鼓演奏グループ「TAO」の活躍などもあり、太鼓の演奏は日本の音楽シーンに新たなページを刻んでいる。
また和太鼓の独奏者の先駆けである林英哲(えいてつ)が、鬼太鼓座と鼓童でのグループ活動を経てソロ奏者となって、三五年余りとなる。国内外で高い評価を受ける林だが、日本の太鼓の伝統になかった大太鼓の独奏や多種多様な太鼓を打ち分ける奏法を生み出し、伴奏楽器だった太鼓に新たな役割を持たせ、そして確立させた。

話は横道にそれますが、福岡高校、明治大学時代を通してラガーマンとして活躍した七代目・梅津幸弘には男の子はおらず、娘が三人いました。私は大学時代に一番上の娘さんと付き合っていたのが縁で、この店でアルバイトをしたのをきっかけに、大学卒業後、入り婿しました。モノづくりに向いている性格もあって、今は八代目を引き継いでいます。

太鼓製造および修理の技術は義父と番頭で職人だった高木淳吉さんから教わりました。一つひとつ指導してもらうというよりは、二人の手作業を見ながら、それを自らやってみるという形で覚えました。すでに二人とも八〇代で現役を退いていますが、難しい修理作業などに際しては、今でもアドバイスをもらっています。

太鼓の歴史は、紀元前二五〇〇年以前までさかのぼる。古代オリエント、シュメールの彫刻の太鼓が最古の記録とされている。こすったり振ったりして音を出す「がらがら」と並んで最も早く発見された楽器の一つで、現在でも世界のあらゆる地域で見られるが、初期の太鼓には振動皮はなかった。のちに動物皮が張られるようになったことで、その種類も豊富になり、利用目的も多様となったと伝わる。

娯楽や芸術としての音楽表現はもとより、敵や動物を威嚇、撃退するためにも使われた。また、神秘性を帯びた道具として、呪術や祭祀にも用いられてきた。

薬屋のころの看板

このほか、合図や信号などメッセージを送る道具として利用され、昔は船上であらゆる合図に使われ、軍隊での信号としても使用された。一定の奏法で太鼓を打ち鳴らし場の雰囲気を高める使われかたもある。その例としては、大相撲の〝触れ太鼓〟や、歌舞伎獅子の打奏パターン（手）などである。

日本語の「太鼓」の起源は、不明だが、古くは膜鳴（たいめい）楽器の総称として「鼓（つづみ）」が使われていた。その後、雅楽（ががく）など中国文化との接触・交流の結果、胴にくびれのある両面太鼓を鼓、それ以外のものを太鼓と呼ぶようになったという。

両者の区別は必ずしも明確ではない。しかし、日本生まれの「和太鼓」は古くは縄文時代からあったと推測されている。「情報伝達の一つの手段」として利用されていたが、中世（鎌倉～室町時代）以降、他の国々と同様に、雨乞いや豊作祈願などの宗教的な儀式と、それに付随する民族芸能の場を中心に発達した。戦国の武将たちが、自軍の統率を取るための「陣太鼓」として使ったことは有名な話である。

音の質を決める皮の厚みと張り

太鼓の音の良し悪しは、胴と皮の質、またその皮の厚みと張り具合で決まります。ですから、ウチの店でつくった太鼓か、他の店のものかどうかは、その音を聞けば分かります。ウチの太鼓は皮を強くしっかり張っているため、音が少し高く響きます。音がなじむまでに二、三年かかりますが、その分いい状態を長く保つことができるのです。

胴の素材としては、高さが二〇メートル以上になる巨木のケヤキを使う。ケヤキは木目が美しく、磨くと著しい光沢が生まれる。「固くて寒さに耐えて育ったものが良いので、当店では北陸産を使っています」と梅津さん。ケヤキ以外では、ケヤキに似た木目をもつセンノキも使われる。ケヤキやセンノキは伐採したあと、中身をくり抜いた状態で数年かけて乾燥させ、初めて胴の素材となる。

打面直径七五センチ（二尺五寸）クラスの太鼓の場合、胴の厚み

梅津正平商店（昭和４年ごろ）

は切り口近くで約一・五センチ、皮を留める鋲を打つ部分が五センチ、胴の真んなかで六センチ程度である。この厚みは、同じ円周上で揃っている。もし揃ってないと音が狂うのである。

梅津正平商店製の太鼓は、胴の形が他店でつくられたものに比べて丸みを帯びている。これは、同店製太鼓の大きな特長でもある。「それだけ大きな木材から削り出すことにはなりますが、空間が広く、音も響きます」

胴体は一〇〇年でも、二〇〇年でも持ちます。まさに一生モノなのですが、皮は消耗品です。使っているうちに伸びて、張りがなくなります。音も出にくくなりますし、薄くなって破れてしまうこともあります。使用頻度にもよりますが、一〇年から二〇年で交換が必要なのです。

お寺の太鼓で、あまり叩く機会がないということで、三〇年、四〇年振りに張り替えの依頼を受けることがあります。次の注文も数十年先になるだろうと考えると、良い音が長く保つようにより一層張り方にも気をつかいますね。

皮は和牛を使う。薬品を使わずに、昔ながらの糠なめしという糠を発酵させた液で毛を抜き、不純物を流す手法で仕上げたものである。粘りと締まりがあって最上だという。

太鼓の大きさに合わせて、一頭分の皮から裁断する。手のひらで厚みを確認しながら専用のすきカンナで裏を削って調整する。この皮を八個のジャッキを使って、均一に力を加えながら、限界まで引いて張る。そして、その皮をしっかりと固定するために、鋲がすき間なく打たれる。鋲の数は二六〇個以上になるという。

「鋲の打ち方一つとっても、その店、その店の特徴があり、数は一定ではありません」

太鼓の大きさは、皮の面（打面）の直径寸法で決まる。一尺＝三〇センチで、一寸＝三センチ刻みで大きくなる。ちなみに、博多祇園山笠で追い山スタートの際、境内入口に組まれた櫓の上で神官が叩いているのは、梅津正平商店が手掛けた二尺五寸（直径七五センチ）の太鼓である。

福岡市内で唯一、太鼓を製造

太鼓は昔から各地の神社や寺院などが所有し、祭事などで使われてきました。ですから、その地域、地域に根付いて製造・販売を行う専門店があり、また、取り扱う太鼓の種類にも違いがありました。でも今では、福岡市内ではウチの店一軒だけです。

県外では熊本県内に三店あり、さらに鹿児島県内にもあると聞きます。同業者の組織といったヨコのつながりがありませんので、他の九州各県の事情は不明です。当店には九州中から修理の依頼がきます。専門店のない広島や山口あるいは、四国各県からのご注文もあります。そうそう、隊内に太鼓部がある福岡、宮崎、沖縄、長崎、下関の各自衛隊からも注文いただきますね。

国立文楽劇場に納めらた大太鼓
（昭和 59 年）

太鼓を打つバチの素材は、ホオノキ、木曽ヒノキ、カエデ、カシなど多様である。ホオノキやヒノキの柔らかめのバチで太鼓のフチや胴を叩くと、バチがササクレたり、木目にそって割れてしまったり、折れたりする。逆にカエデやカシなどの硬いバチを使って同じような叩き方をすると、バチは長持ちするが、代わりに太鼓に負担がかかり、フチが欠けたり、胴を傷つけてしまう。「フチ打ちは太鼓の皮がゆるむ原因にもなりますが、最近は硬いバチの使用による太鼓のフチ欠けの修理（歌口の修理）が増えています」と梅津さん。

この修理は皮を外さないとできないため、欠けた部分の修理代金にプラスして皮の張替え代金も必要となる。「バチを選ばれる場合には、それぞれの材質の特長を理解して選択していただきたい。とくに硬いバチを使用中の方には、より一層ご注意いただきたいと思います」

製造販売と修理の件数を比率にすると、修理の仕事の方が増えています。もちろん、他店で購入された商品も修理いたします。

昨今は、太鼓も中国製などの低価格な商品が流通しています。モノは値段なりのもので、皮の質も悪く音もよくありませんが、知らずにその低価格商品を買われる方も多くいらしゃいます。そのような太鼓の皮が破けた、穴が開いたなどと言って修理で持ち込まれることもあるのですが、皮を張りかえる修理代が買った料金より高くなってしまいます。極端な言い方をすれば、使い捨て用の太鼓とも言えます。

最近もそのような安価な太鼓を買って使っていたという方が、すぐに破けるといって、ウチの店で新しくつくり直したいと注文においでになりました。

工房には、太古の胴がつまれている

各地の祭りで〝元気〟鼓舞

毎年夏、長崎市の長崎港で、中国から伝わった木製の手こぎ船「ペーロン」の速さを競う大会が開催されています。競技中、船の上で海水がかかるなか、小太鼓を打ち鳴らします。濡れると皮は破けやすくなり、修理の頻度も多くなる。最短では一年で張り替え依頼を受けることもあります。また濡れると音が出なくなりますから、皮はしっかり張ります。小倉の祇園太鼓だと両面で打ちます。高い音と低い音（カンとドロ）。左右で音が違わなければならないので、張り方に微妙な変化をもたせることが必要となります。このようなことは長い間、ウチの店がそれぞれの祭やイベントで使われる太鼓に携わっているから知り得る情報であり、知識なのです。

梅津正平商店製の太鼓の響きは、九州各地の祭りで、盛り上げに一役かっている。主なものでも、福岡市の博多どんたく、博多松囃子、博多祇園山笠、北九州市の小倉祇園太鼓、黒崎祇園山笠、戸畑祇園大山笠、田川市の川渡り神幸祭、唐津市の唐津くんち、浜崎祇園山笠、長崎市の長崎くんち、長崎県内の念仏踊りなどがある。

このうち、博多祇園山笠、戸畑祇園大山笠、唐津くんちの曳山（ひきやま）は、日田祇園祭の曳山、八代妙見祭の神幸とともに、平成二八年（二〇一六）一二月、ユネスコの無形文化遺産に登録され大きな話題となった。「お祭りや運動会シーズンは修理の仕事も増えます。ウチの店でつくって販売したり、張り替えたりした太鼓がどのような音を

現在の梅津正平商店

出しているのか気にはなりますが、忙しくて実際に聞く機会がなかなかないことをとても残念に思っています」

太鼓は高価な商品です。長胴太鼓の特級品になると、胴の素材によって違いはありますが、ケヤキの一尺五寸（四五センチ）で八〇万円前後、二尺（六〇センチ）で約二〇〇万円、二尺五寸（七五センチ）では五〇〇万円近くになります。昔は個人の方が寄贈されたり、奉納されたりということもあったのですが、最近は各地の祭りでは各種の補助金を利用される場合が多くなりました。ですから、補助金が支払われる時期に注文が集中する傾向にありますね。

後継者ですか？　私の代で終わるようなことになれば、祭り関係者の皆さんなど、多方面で不便をおかけすることになります。この店を次の代につないでいかなければ、という強い思いはあります。私には子どもがいませんので、小学生ですが、親戚に太鼓に興味を持つ男の子がいるので、その子に期待しています（笑）。

私自身、大学を卒業したあとにこの道に入りましたし、まだ四〇代です。職人としては、まだまだ修業中の身ですから、今後も精進を重ねていきたいと思っております。

（「西日本文化」二〇一八年一月発行）

◆〈主な参考資料〉

西日本新聞「博多モノ語り・シリーズ28『太鼓』」（二〇一六年二月二六日）

大賀薬局

二度の天神進出でまちの成長とともに店舗拡大

長期目線で、事業を展望

平成二九年（二〇一七）の九月一六日付で社長に就任しました。現在三五歳ですから、目先の損得ではなく、三〇年という長いスパンで自社の事業を見ることができます。事業を種まきから収穫までできる、恵まれた立場にあり、私にとってはありがたいことです。それだけにより一層責任をもって会社経営に取り組んでいこうとの思いでいます。

キャッシュレス化が進展し、ＡＩ時代が到来し、自動運転車が登場するなど社会は目まぐるしい勢いで変わっています。変化著しい時代のなかで、流通小売業の立場から言うと、短期的にはネットショップとの差別化が大きな課題です。当社としては、現在の事業の二本の柱であるドラッグストアと調

◎語り人
社長　大賀崇浩さん
（おおが・たかひろ）
◎プロフィール
昭和57年（1982）5月、福岡市生まれ。西南学院中学・高校を経て東京理科大学経営学部卒業。専門商社の建設資材を売る部門で3年余り営業職を経験。平成21年（2009）大賀薬局に入社。平成29年9月、社長に就任する。

企業DATA
社　名：株式会社大賀薬局
創業年：明治35年（1902）
住　所：福岡県福岡市博多区博多駅前3-9-1
電　話：092-483-8777（代）

剤薬局の店舗数をただ増やしていくのではなく、地域の方々に必要とされるインフラを進めています。「大賀薬局がなかったら、地域医療がうまく回らないよね」といっていただけるような、そんな存在になることを目指しているのです。

明治三五年（一九〇二）の創業である。大賀社長の曾祖父となる大賀可壮（かそう）は、一四歳の若さで従業員三人とともにJR九州の前身、九州鉄道（初代）の二日市駅前に「大賀商店」を開店している。

「先祖は黒田藩の武士でした。家系図をたどると、福岡県筑紫野市内で約三五〇年近く前から宝満山の伏流水をつかって酒づくりを続ける大賀酒造の当主大賀家とは遠い親戚関係にあるようです」

ちなみに大賀家は、古くは大宰府政庁とも深い関係があり、また江戸時代には、庄屋として黒田藩主から名字帯刀（名字を名のり、刀を差すこと）を許され、藩主の休憩所として門構えも許されていた歴史が残る。

「曾祖父が始めた店は約一〇〇坪で、薬や化粧品のほか、酒、米、タバコ、食料品、衣料品などを揃えた、現在のスーパーマーケットのような店だったようです」

今の時代、お客さま方はネットや健康の専門雑誌類を見て、そこから得た多くの情報を持っています。ドクターからは患者さんが自己診断して来院するという話をよく聞きますが、この情報過多のなかで、「本当に正しい情報とは何なのか」を選び、それをお伝えすることこそが必要になっています。例えば、ダイエット一つをとっても、その人、その人で合う、合わないがありますからね。

当社の強みは、各店舗に薬剤師がいるという高い専門性です。全体で約三五〇人の薬剤師がおり、一店舗あたり五、六人を配置しています。お客さまとはFace to Faceの関係で接し、お客さま一人ひとりの顔を見ることによって、その人に合った、安心できる、しかも安全な薬品を提供しています。

可壮は、大日本帝国憲法が発布された同じ年の明治二二年に公布の「薬律（現在の薬事法）」のもと、必要な知識と経験が認められ、創業間もなく「薬種商」の免許を取得。大賀商店は、医薬品に特化した商いを行っていたと伝わる。

昭和二年（一九二七）には、福岡市の天神町に進出を果たしているが、この当時の福岡市の商業の中心地は川端通りであった。可壮は大正一三年（一九二四）に開業した九州鉄道（現・西日本鉄道）の福岡駅を見て、「これからの商業の中心は天神町になる」と確信し、出店を決断したのだという。品目を薬品と食料品に絞り、当時一流メーカーであった製薬会社の九州総代理店になっている。

移転から三年後には、店員も二〇人ほどに増え、卸問屋として九州全域での営業活動を始めた。昭和一一年、西鉄福岡駅に隣接して九州初のターミナルデパート「岩田屋」もオープンし、可壮の予測が正しかったことは証明されるが、実はこの前年、取引先である製薬会社が倒産し、メーカー一社に全力を傾けていた大賀商店は大きな痛手を被った。問屋業はやむなく閉鎖し、福岡市東区の大学前（現・九州大学病院前）に店舗を移し、小売薬局を開業している。

創業者の大賀可壮

地域から応援される企業に

私は社長就任に際して、三つのテーマを掲げました。まず、

「日本一の地域一体企業を目指す」ことです。地域密着では生ぬるい、との思いが私にはあります。地域に貢献することで、逆に地域の方々に応援していただける企業になる。社会貢献を含めて、しっかり福岡のまちを〝深掘り〟していこうと社員には呼びかけています。

大手のチェーン店だと、本部が決め、そこから指示を出すオペレーションのやりかたを採りますが、私はそれぞれの店舗に判断をまかせるというやりかたです。現場でお客さまのためにどうした方がベストかを考えてもらいますし、決裁権も与えます。なぜなら、お客さまに近いのは、現場にいる社員だからです。

就任以来、一カ月半ほどかけて、共に会社を創る「共創」というイベントを一七回開催しました。そこで一〇〇〇人以上いる全社員と会い、ディスカッションをしました。出たアイデアをデータ化して表にし、優先順位を決め、事業活動における生産管理や品質管理などの管理業務を円滑に進める手法の一つＰＤＣＡ(1)を、高速より速い〝鬼速〟で回しています。社員の意見を汲み上げる機会となった「共創」イベントについては、今後も毎年、全社員に参加してもらい決算後の一一月ごろに開催を計画しています。

可壮の長男・栄一は太平洋戦争中、陸軍少佐の大隊長としてフランス領インドシナに出征し、敗戦後、戦犯の容疑で拘束された。絞首刑を覚悟していた栄一だったが、昭和二一年（一九四六）に奇跡の復員をしている。戦時中、捕虜の米軍将校たちを手厚く対応していたのが幸いし、自らが法廷の場に立った際、裁判官のなかにそのときの将校がおり、好意的な発言をしてくれたのだという。

「『情けは人の為ならず』と、生前の栄一がしみじみ話していたと聞いています」

可壮は栄一とともに、商いを再スタートさせた。配達を早めるため、問屋へはこちらから取りにいき、欠品のないよう万全の注意を払い、信用を高めた。この時期の売り上げは二年で五倍という伸びを見せたと伝わる。

最高のもてなしで迎える薬局

二つ目のテーマは、「日本一の接遇薬局を目指す」ことです。現在、当社は八九店舗（調剤薬局五七店舗、ドラッグストア・調剤併設一六店舗、ドラッグストア一三店舗、化粧品専門店三店）を運営しています。薬局は医療機関ではあるのですが、基本はサービス業です。ディズニーランドや世界に誇るホテルグループ、リッツ・カールトンと肩を並べる〝もてなし〟が提供できる、そんな薬局・ドラックストアになろうという考えかたです。

制服も機能性やデザイン性などを見直し、一新しました。また接遇のＳＶ（Supervisor〈スーパーバイザー〉）を社内で四〇人ほど育成中です。今後、これらのＳＶが全店舗の社員の接遇教育を担うことになります。数年かかるでしょうが、立ち振る舞いなどすべての面で一流のお客さま応対ができるという文化を、私は社内に根づかせていきたいと思っているのです。

昭和二四年（一九四九）には、天神への再進出を果たした。戦前の公設市場あとに開業した西鉄商店街（通称、西鉄街。現在の天神コアの場所）の入り口に店をオープンした。一階が薬局、二階は事務所、三階は住居で、開店は七時半、閉店は深夜一二時。新しい店舗のモットーは「何でも揃う店、品切れのない店、新しい品を売る店」で、市内で唯一、輸入薬品を取り扱ったため、外国人客も多かったという。

「大学前店」を可壮が守り、栄一と妻の昌子が西鉄街の店の経営を担った。また西鉄街出店を機に、社名は「株式会社大賀薬局」に変更した。栄一は、自社の社員教育だけでなく、商店街全体の店員の教育にも力を注いだという。終戦後の行く末の分からない混とんとした時代に、「美と健康に奉仕する大賀薬局」「奉仕こそわれらの務め」の社是のもとに、未来を見つめ、薬局としての理想の姿を目指し邁進（まいしん）するその姿は、薬業界のなかでも異彩を放っていたのだ。

数年後には、天神町市場（現在の福岡銀行本店の場所）内に、一階が薬局、二階が喫茶室というアメリカ式の斬新な薬局を開店。そのころ、喫茶室をもつ薬局は九州にはなく、おいしいコーヒーを飲ませる専門店として繁盛したが、昭和三〇年夏、市場で発生した大火災で、店舗を焼失した。

同時に、身だしなみや髪型の規定もつくりました。例えば、薬剤師の場合は国家資格を持っているため求人は引く手あまたです。ですから、転職を引き留めるために、勤務中も服装や髪型を自由にさせる薬局も多い。しかし、それは違うと私は考えています。

おしゃれをプライベートな時間にやることは大いに賛成ですが、薬局は医療機関であり、来店されるお客さまは患者さんです。自由な服装や髪型を望んでも、病気のためにやれない方もいらっしゃいます。医療人として、まずお客さまの立場で物事を考えてみることが大切であるということです。「大賀薬局の薬剤師って、見た目も心もカッコいいよね」といわれるような、そんなブランドを確立していきたいですね。

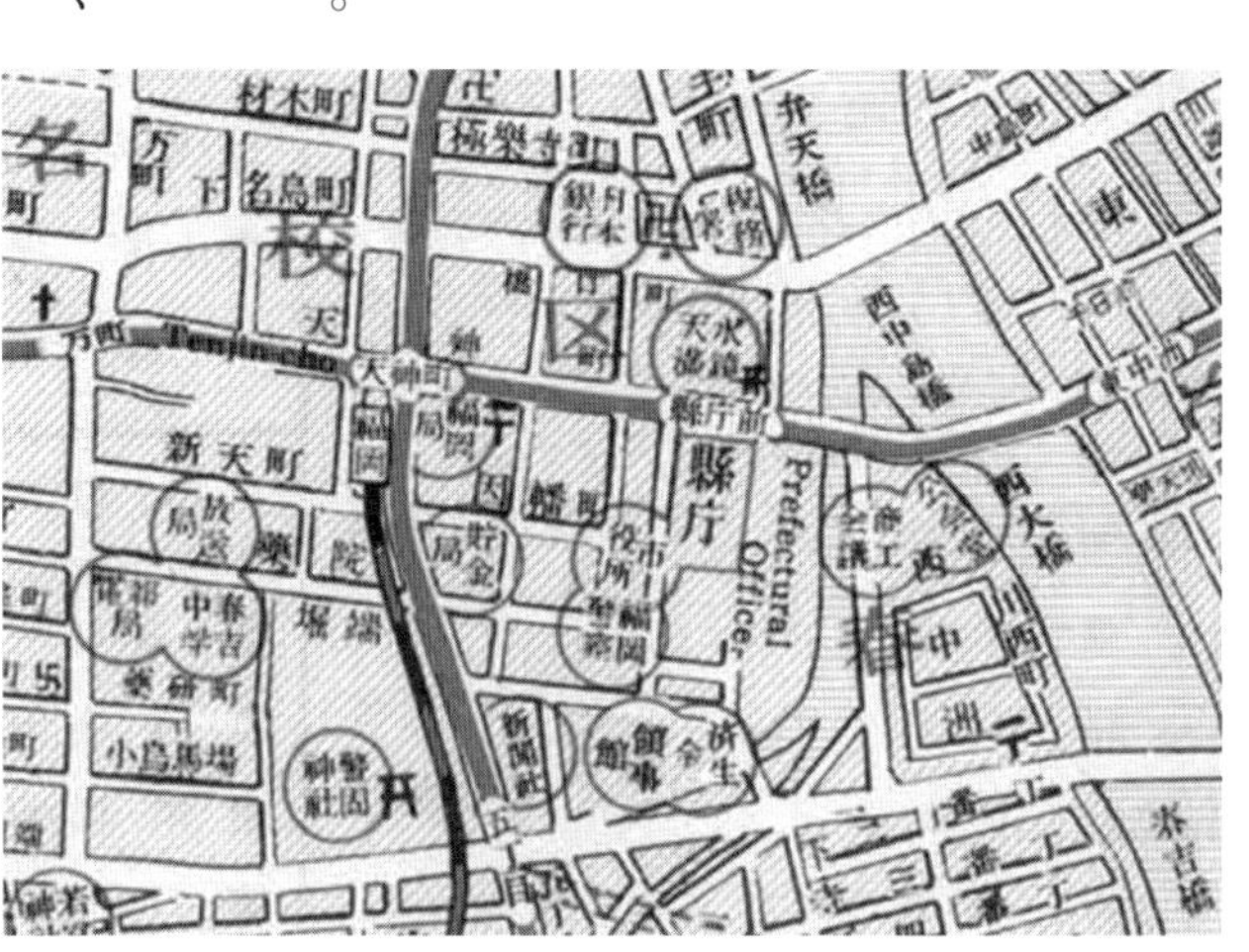

昭和29年の天神町（「最新版 福岡市全図 観光案内」九州歴史資料館蔵）

日本一の働きがい創出企業

三つ目は、「日本一の働きがい創出企業を目指す」ことです。働きがいとは何かと考えると、私はお客さまに喜んでいただくことだと思っています。社員一人ひとりがお客さまのために、全力を尽くしたら、お客さまにも喜んでいただける。それが一人ひとりの働きがいにもつながると考えています。

接遇のSV育成をお願いしている先生は、「何のための接遇かといったら、それは自分のためである」とお話しになります。接遇で日本一を目指すことは、日本で最も働きがいのある企業を創出することになるのです。

昭和三三年（一九五八）には、西鉄街の店舗を拡大し、商店街で競合しない業種だったカバン店を併設。担当した昌子の努力もあって、その業績は、時に薬局をしのいだと伝わる。

この当時、天神地区に薬局とカバン店を持つ「西鉄名店街店」や、福岡ビル一階に本格的な調剤施設を持つ「くすりセンター」をオープン。日本で国民皆保険制度がスタートした昭和三六年、栄一は東京大学前の処方箋調剤薬局を訪問し、その実態を研究し、調剤薬局、医薬分業の姿を思い描き、行動に移している。「調剤室を持ちながら、アメリカから輸入したお菓子や雑貨なども販売。また化粧品コーナーを設け、当時日本にはなかったドラッグストア業態を目指したのです」

社長職を引き継ぐに際して、父でもある研一会長から「節約の意識を忘れてはいけない」と強く言われました。「節約」を心がけて事に当たることは大切ですが、「投資」とは分けて考える必要があります。

未来への投資がなければ、企業として成長ができません。私は人への投資こそ、最も重要だと考えています。

私が社長になって、大きな金額の教育費用が発生していますが、人にかけるお金は、投資としてはずせないと思っているのです。

　私自身、自らにお金をかけ、さまざまなセミナーなどにも参加して、人との出会いを含め磨かれてきた部分も多かった。だからこそ、そのような機会を社員にも提供したいという思いがあります。当社の社員を見ると、同じ大学で、しかも同じ薬学部を卒業したというような狭い世界で人間関係ができている。人間関係を広げていくという意味でも、他の企業の方々と一緒に学ぶような研修にも積極的に参加してもらいます。


昭和三九年、栄一はガンのため五一歳で他界。あとを継いだ昌子は、迷ったとき、病床にあった栄一の言葉を書き留めたノートを取り出し、「企業にとって現状維持は後退でしかない」という意味が記されたページをめくったという。

栄一が描いた未来構想は、「調剤」と「化粧品」を強く意識したもので、薬剤師でもある昌子は、調剤薬局開局のため、医療機関に幾度も足を運び、ねばり強く医薬分業の夢を語り、実現させた。「化粧品」を中心とし

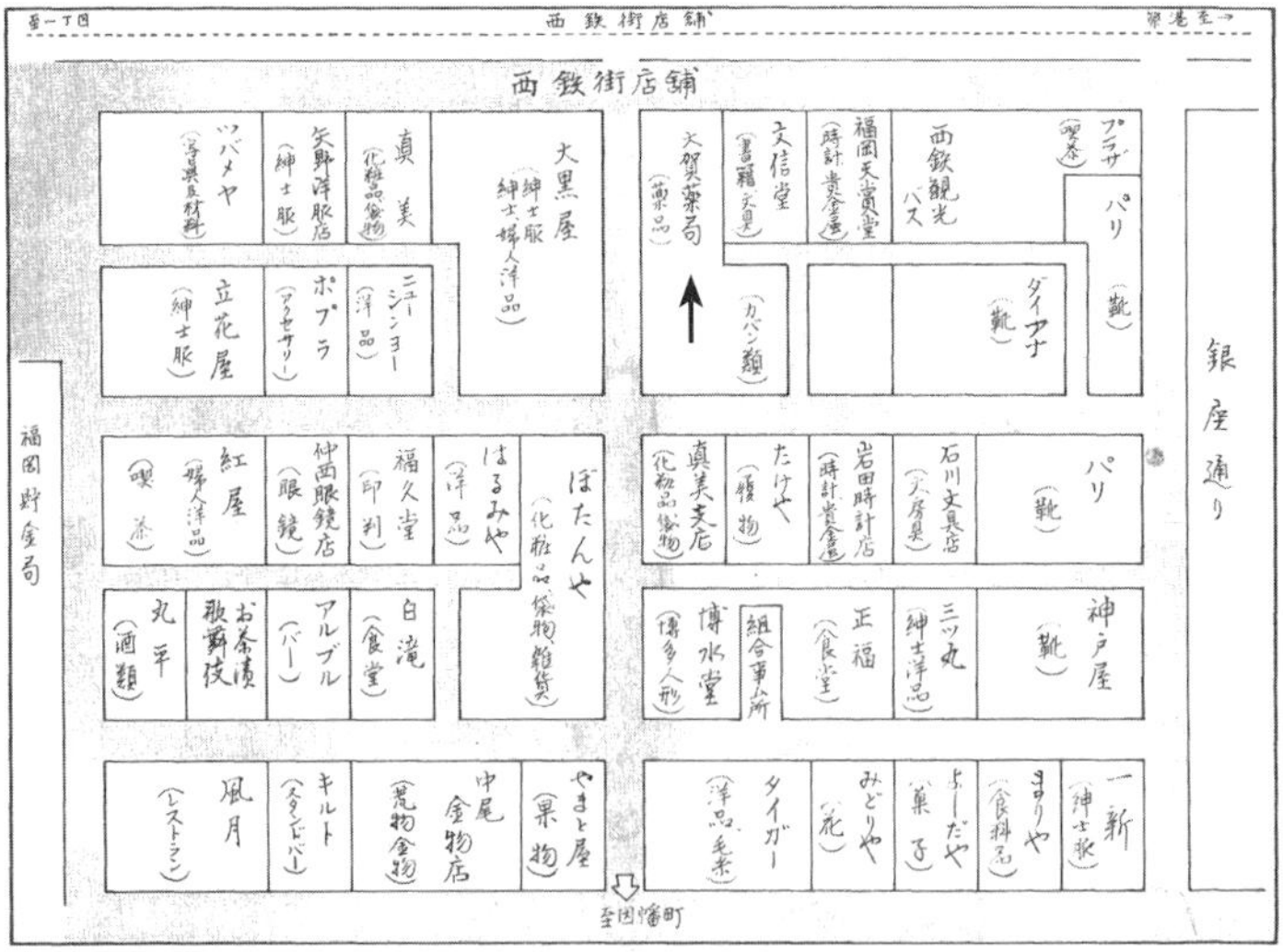

昭和 35 年ごろの西鉄商店街配置図（『天神町 1910～1960』天神町発展会発行）。矢印のところに「大賀商店」の文字が見える

―た店舗戦略は、息子の研一が引き継ぐことになる。

この二月から、社内に「大賀アカデミー」を開講しました。さまざまなカリキュラムの一つとして、すでに経営人材の育成コースをスタートさせました。課長職以上で受講を希望した一五人が学んでいます。

今後、私は人事に関して、中途採用も考えています。これからは情報系に強い人材が必要になりますが、そのような人材は外から即戦力をスカウトすることになります。父の時代は新卒で採用して社員を育成してきました。社内で育てた人材と新しい風を外から持ち込む中途採用者とのギャップをつくらないためにも、アカデミーの開講に踏み切りました。両者がしっかりと連携していく体制をつくりたいという思いがあります。

「チャレンジ精神」で、果敢に挑戦

天神地区の再開発プロジェクト「天神ビックバン」による福ビルや天神コアビルの建て替えで、一時的に天神の店舗を閉めることにはなります。しかし、将来を見据えた計画でもあり、福岡天神がよりすばらしいまちになり、人が多く集まるようになれば当社にとってもプラスになると期待しています。当社もこのまちづくりには、積極的に関わっていきたいですね。

―天神地区と博多駅周辺の福岡市内を中心に、輸入品主体の品揃えや生活雑貨など新たな業態の店舗も開設する一方で、研一が社長に就任した平成二年（一九九〇）、本格的なドラッグストアとして九州初の店舗「宇美店」をオープン、その後、「二日市店」など、郊外型ドラッグストアの出店を加速させた。

並行して、処方箋調剤薬局も驚異的なスピードで開局を続け平成一二年、福岡で初めて二四時間三六五日処方箋を応需する「野芥調剤店」を開局し、深夜の医療機関での受診者だけでなく、他店の時間外の問い合わせにも対応した。

「地域を支える医療人としての務めを果たすべく、開局した店舗です」

従業員数が増えるなか、平成一九年には、「従業員こそが大賀薬局の財産であり、お客様満足をつくり出す」との考え方のもと、経営理念を「お客様満足 従業員満足」から「従業員満足 お客様満足」へと変更している。

現在、当社の事業の柱は「調剤薬局」と「ドラックストア」です。しかし、創業以来、時代の変化に柔軟に対応した店舗つくりを続けていくことによって、数年後には一二〇年を迎えるという長い歴史を育んできました。今後も地域密着型企業ならではの、お客さまの要望に全力で応える企業として、新たな歴史を重ねていくことになります。

平成二五年には、大手コンビニエンスストアと提携し、ドラッグストア・調剤薬局併設店「店屋町店」をリニューアルオープン。

「地域特性を考慮した、新たな地域密着企業としての在りかたを示した

福岡で初めて 24 時間 365 日営業を行った野芥調剤店

郊外型のグラッグストア、二日市店のオープンの様子

店舗です」

同じ年、調剤薬局併設店をリニューアルしてドラッグストア・調剤薬局を併設した「長尾店」は、医療機関と連携し、ドラッグストア、調剤薬局のトータルマネジメントに大きな相乗効果を生み、翌平成二六年完成のサービス付高齢者向け住宅「万葉の郷」では、既存の調剤薬局と併設し、高齢者サービスとの連携を行っている。

社長である私は、社員に喜んで働いてもらう環境を整えることが責務ですが、必要以上に気負う必要はないと思っています。自分の持ち味でもある「チャレンジ精神」を失うことなく、これからも果敢に挑戦していきます。

◆

〈注〉

（1）ＰＤＣＡとは、Plan（計画）→Do（実行）→Check（評価）→Act（改善）の四段階を繰り返すことによって、製品と業務を継続的に改善すること。

（「西日本文化」二〇一八年四月発行）

友桝飲料

ラムネに始まる多角的な展開
ホタルの郷から世界へ

ODM事業を全国に展開する

最近の出来事としては、平成三〇年（二〇一八）三月に「全酒類卸売業免許」を取得したことでしょうね。炭酸飲料を中心に事業を展開する当社ですが、平成一四年に酒類製造の免許は取得していましたから、お酒の蔵元でもありました。ただし、その製造免許は、リキュールに限定したものです。

日本酒や焼酎、ビールなどを自社で醸造することはできませんが、例えば他の蔵元からの依頼で、その蔵元が醸造した原酒に当社がもつノウハウを活用し、果実などをブレンドしたチューハイなどをつくることはすでにやってきました。自社ブランドでも、オリジナルのジンジャーエール

◎語り人
社長　友田　諭さん
（ともだ・さとし）
◎プロフィール
昭和50年（1975）8月、佐賀県小城市生まれ。佐賀県立致遠館高校を経て九州大学農学部食糧化学工学科卒業。2年間の専門商社勤務を経て、平成12年（2000）友桝飲料に入社。翌13年3月、25歳で社長に就任。歴史小説を愛読する。

企業DATA
社　　名：株式会社友桝飲料
創 業 年：明治35年（1902）
住　　所：佐賀県小城市小城町岩蔵 2575-3
電　　話：0952-72-5588

をもとにしたシロップに、梅酒をブレンドしたリキュール酒を発売しています。当社が取得しているのはあくまで製造免許ですから、酒税法上、自社の蔵でつくっているものを売ることしかできませんでした。

当社は清涼飲料、炭酸飲料の分野では、各地の企業や自治体などさまざまなクライアントとコラボして、ご当地飲料などの商品開発をやってきました。そのご当地ではナンバーワンに売れるような商品をつくり込み、クライアントからその商品を全国に広げたいとの要請があれば、当社が代理で販売を担ってきました。酒類の分野でも、同様のことが可能となったということです。日本全国にある蔵元さんと一緒にその蔵、その蔵のオリジナルなアルコール飲料をつくり、飲料水と同じ流通に乗せる。今回、免許を取得したことで、パートナーシップを組む蔵元さんの商品を全国で販売するお手伝いができる。当社にとっては、持っている営業アイテムが一つずつ増えていくとも言えますね。

明治三五年（一九〇二）五月、初代となる友田桝吉（ますきち）が、藩政期は長崎街道の宿場町であった牛津（うしづ）（現・佐賀県小城（おぎ）市牛津町）の地でラムネの製造業を始めている。

「曾祖父の桝吉は、代々、鬢（びん）付け油をつくっていたお店の三男として生まれたと聞いています。独立して自分で商いを始めることになり、選んだのが当時、新しい時代を象徴する飲みものであった〝ラムネ〟だったのですね」

「日本清涼飲料史」に、わが国に初めて炭酸飲料（ラムネの元祖）が伝わったのは、嘉永六年（一八五三）、ペリーが浦賀に来航したときだと記述される。黒船の艦上で交渉に当たった幕府の役人に振る舞われたのだという。炭酸水はもともと、長い航海の間でも、腐らないようにと開発された飲料水なのである。

慶応元年（一八六五）には、長崎の商人・藤瀬半兵衛という人物が「レモン水」の名で売り出したと伝わる。

しかし「レモン水」という名は広まらず、その後に〝レモネード〟が訛った「ラムネ」の呼び名が一般化している。

明治に入ると、横浜旧居留地や神戸旧居留地でレモネード、ジンジャーエール、トニックウォーター、シャンペンサイダーなどの製造と販売が始まっている。明治五年五月四日、日本人に初めてラムネ製造の許可が下り、現在では五月四日は「ラムネの日」となっている。ちなみに日本人で初めてラムネの製造販売したのは、東京の実業家で、歌舞伎座開設に関わったことで知られる千葉勝五郎という人物であった。


事業の成功で一財産を築いた桝吉でしたが、昭和一〇年（一九三五）に七〇歳で亡くなっています。同じ年に一九歳で息子の軍平が事業を継承しましたが、翌年には徴兵されます。旧満州などで軍隊生活を送り軍平が帰国するのは、戦後の昭和二一年のことです。ラムネを製造する充塡機（じゅうてんき）は、戦時下、事業整備の名目で軍に供出を余儀なくされていました。

友桝飲料は休業状態で、桝吉が残した資産の大半は無くなっており、軍平は一からラムネ事業を立ち上げることになります。手を尽くして戦時中は戦艦に搭載され、兵士たちの喉を潤していた一台の充塡機を譲り受けたと伝え聞いています。そして、ラムネの宅配サービスを始めています。そういう意味では、軍平こそが創業者だともいえますね。

2代目社長の軍平（右から2人目）

ラムネは、イギリスが発祥だと伝わるその瓶に特徴がある。上から五分の二ほどの位置にくびれが設けられており、口とくびれの間にラムネ玉と呼ばれるガラス球が封入されている。この瓶に飲料を充填し、間髪を入れずに瓶をひっくり返すと、内部の炭酸ガスの圧力でラムネ玉が口部のゴムパッキンに押し付けられ、瓶が密閉される。炭酸飲料の内圧だけを利用して密封する仕組みなのである。中身を飲む際は、瓶の口を密封しているラムネ玉を瓶内に押し込み、内圧を逃がすことで開栓する。

一方、アルコールを含まない無色透明の炭酸飲料は、日本ではサイダーと呼ばれることが多い。サイダーはガス圧に抗して、瓶に王冠で栓をする技術の普及で誕生している。ビー玉入りの瓶の形をしているのがラムネで、それ以外はサイダーであり、中味に違いはない。

ちなみに、現在、アサヒ飲料が発売する炭酸飲料の代表商品「三ツ矢サイダー」の起源は、明治時代に宮内省が兵庫県多田村（現・川西市平野三－二三－一）の平野鉱泉を用いて、炭酸水の飲料工場を建造したことに始まるという。のちに工場は三菱に払い下げられ、権利を明治屋が得て、「三ツ矢平野水」として販売したのは、明治一七年のことである。

「こどもびいる」が全国で大ヒット

父・桝一から私が事業を引き継いだ平成一三年（二〇〇一）当時、家族経営の当社は従業員が一五人ほどで、その大半はパートの女性でした。年間売上も二億円程度でした。

ラムネを充填する軍平の長女

コーラが普及した昭和三〇年代後半から、日本各地のラムネ屋も次々と姿を消していきました。戦後の最盛期には主力のスワンサイダーだけでも年間三〇〇万本を出荷していた当社でしたが、私が社長に就任したころには、その出荷数は一〇万本以下にまで落ち込んでいました。

販売エリアは、佐賀を中心とした北部九州でしたが、ラムネは夏場の季節だけ売れる商品でした。とはいえ、その後も当社の落ち込みが続いたかというとそれは違います。九州で最大手の同業者が倒産される際、その販売を引き継がせてもらったり、大手の飲料の委託を受けている同業者から生産の協力を依頼されたりして、売上は伸びていましたね。

3代目の桝一と姉

諭さんは、祖父、父の三世代同居家族のなかで生まれ育った。きょうだいは姉と二人の妹。

「息子は私一人ですから、子どものころから、私がこの会社を継ぐのは当然だと思っていました。ラムネという季節商品を細々と製造販売しているこの会社や業界の将来は決して明るくはなかったのですが、小学校の卒業文集で、『将来の夢は、会社を継いで工場を大きくする』と書いているぐらいですから、私に他の選択肢はありませんでしたし、迷いもありませんでした。会社に戻ったら、何から手をつけるか、それしか私の頭のなかにはなかったですね。いま冷静に振り返ると、家業とはいえ、我ながらよく引き継いだものだと思いますけどね（笑）」

忙しくしてはいましたが、やはり季節によっては工場の機械が空いている期間もありました。当社は大きい会社の委託を受ける設備はないのですが、逆に一ケース（二四本）といった小さいロットには対応できました。一軒の土産屋や一軒の飲食店のオリジナル商品、一エリアのご当地商品なら当社の機械でつくることができるというか、それしかできないと考えていました。

そんなときに、福岡市内のもんじゃ焼き店と共同でノンアルコールの「こどもびいる」を開発する機会があり、これを売り出すと全国的に大ヒットしました。新聞やテレビで取り上げられることも増え、当社が小さなロットでも商品づくりをしていることを、「こどもびいる」を通して広く知っていただきました。地方の企業や自治体とコラボして、年間二〇〇アイテム近くのオリジナル商品を開発することで、当社の事業は着実に伸びていきました。

友桝飲料では、オリジナル商品の実現に向け、さまざまな顧客サポートをしているが、顧客との理解を深めながら、モノづくりを進めていくという同社独自の開発スタイルを、「友桝オリジナルＯＤＭ事業」と呼ぶ。相手先ブランドの製品を設計・生産し、さらにマーケティング・物流・販売支援までを提供しているのだ。

ホタルの郷の新工場で操業開始

牛津町の工場周辺は、近年、住宅街になってしまい、朝晩は工場を稼働させることができない状態になっていました。二四時間稼働も可能な場所で、飲料メーカーですから、豊かな自然に恵まれた環境のなかにある工場というロケーションとイメージ、それに加えて天然の湧水を利用できるなどいくつかの条件をもって隣県を含めて候補地を探しました。同じ小城市内の、ホタルが舞うことでも知られる祇園川沿いの新工場で操業を始めたのは、平成二四年（二〇一二）四月からです。

移転を決めた当時の年間売上は八億四千万円で、新工場は移転費や建設費などを合わせると六億六千万円が必要との見積もりでした。無謀というか、設備に投資する額が大きすぎるという声もありましたが、私としては数年間をかけてじっくりと計画した移転であり、決して無謀だとは思っていませんでした。

スワンサイダー

自社ブランドの飲料にも力をいれている友桝飲料だが、その代表商品といえば、平成一七年に発売の〝昭和の味の復刻版〟といわれる炭酸を強く含んだスワンサイダーであろう。

「地サイダーメーカーの多くは、回収して再利用できるリターナブル瓶を使用しているが、この瓶は現在、国内で製造されていないため、返却が見込めない遠隔地での販売をあきらめ、地元向けに限定せざるをえない」（『西日本文化』四三四号）

同社では、強い炭酸を充填する瓶容器がなかったため、オリジナル瓶を二〇万本つくるという〝先行投資〟を行って発売に臨んでいる。「いち早く、自社リスクで製造した使いきりのワンウェィ瓶に切り替えたため、全国販売が可能となった」（同）というのだ。諭さんは、このときも熟慮ののちではあるが、会社のトップとして英断を下している。

それまでさまざまな制限もあってやれなかったこと、場所、スペース、水など山積みだった問題の数々が、新工場への移転によって一気にクリアできました。同時に受注する仕事の量も急増しました。新工場に移って早々から天然水を使った炭酸飲料の製造を始めたのですが、今でこそ大手メーカー各社が相次ぎ発売する天然水スパークリングウォーターの分野で、これは日本初の商品でした。今でも消費を伸ばしています。

ともあれ、新工場設立三年後の平成二七年四月、小城工場に第二工場を増設しました。また、同じ年の六月には、長野県木曽町で地元の会社が操業していた水工場を当社が譲り受けました。大手は別にして、独自ブランドで営業している飲料メーカーが、地元以外の離れた場所で工場を運営しているという例は他にないと思いますね。

サイダーの王冠のサイズには規格があり、口径二七ミリ、高さ五・九七ミリである。王冠側面のギザギザの溝（スカート）は、三の倍数の二一個と決まっている。モノを固定するには、四点より

自然豊かな場所に設置した新工場

――も三点で支える方が安定するという力学的理論に基づく。二一個以上でも以下でも、それ以上の固定力は得られないのだという。

創業の地に展示資料館を設置

創業の地・牛津に残る社屋は改装し、「友桝飲料展示史料館」として整備しました。創業の精神や歴史、伝統を守り続ける当社の姿勢を後世に伝えていくことを目的にしています。

今、新卒を中心に採用していますから、当社の社員の平均年齢は三〇歳前後と若い。その意味でも人材教育は大切だと思っていますし、力を入れていますが、当社の一番の課題もまた、人材教育だと認識しています。常にどうしようかと、頭を抱えていますね（笑）。

祖父の軍平は仕事が趣味のような働き者でしたが、歴史ものが大好きな人で、歴史上の人物の逸話などを子どものころの私によく話してくれました。そんな軍平が「友田家常識論」としてまとめたものを残していました。特別なことが書かれているわけではありませんが、それを、友桝フィロソフィとして整備し、社員と共有化を図っています。

そこには、「地味な努力を積み重ねる」「恥じ入る心を持つ」「誰にも負けない努力をする」といった、人としての生き方、仕事をする者の持っておくべき大事な考え方が示されています。時代を超えて引き継ぐべき代々の想いを胸に、社員一人ひとりが友桝フィロソフィを判断基準として、日々の仕事に取り組んでもらうことを

友桝飲料展示資料館（佐賀県小城市牛津）

私としては願っているのです。

平成二六年（二〇一四）一〇月、関連会社として炭酸水専門の研究機関である「株式会社炭酸生活総合研究所」を設立し、これまで深く研究されることの少なかった炭酸のもつ力を、専門家と共同研究を通して解明する取り組みを開始する。

一環として、炭酸サーバーの普及を通じたライフスタイル「炭酸生活事業」をスタートさせている。炭酸ガスが皮膚から吸収されて体内に入り、血管を広げて血行をよくし、多くの健康的な効果をもたらすという。このような効果を得るために、自宅でできる「炭酸水入浴」を提案する。血圧を下げる、糖尿病による血流不全の改善、腰痛やリュウマチなどの痛みを和らげるのだ。

当社には黎明期のころよりずっと日本の清涼飲料、炭酸飲料の変遷の一翼を担い、この小さな地方から、飲料の歴史を見守り続けてきたという自負があります。長い風雪に耐えて続けてきたからこそ分かること、また、地方にあるからこそ、できることもある。そして何より「他の人より一歩先んじる」という創業の精神を胸に、私たちでないとできないことが、まだまだたくさんあるでしょうから、創造性豊かな飲みもの文化を市場に提供し続け、飲みものを通じて新しい価値を提案できる世界一の企業を目指し続けたいと思っています。

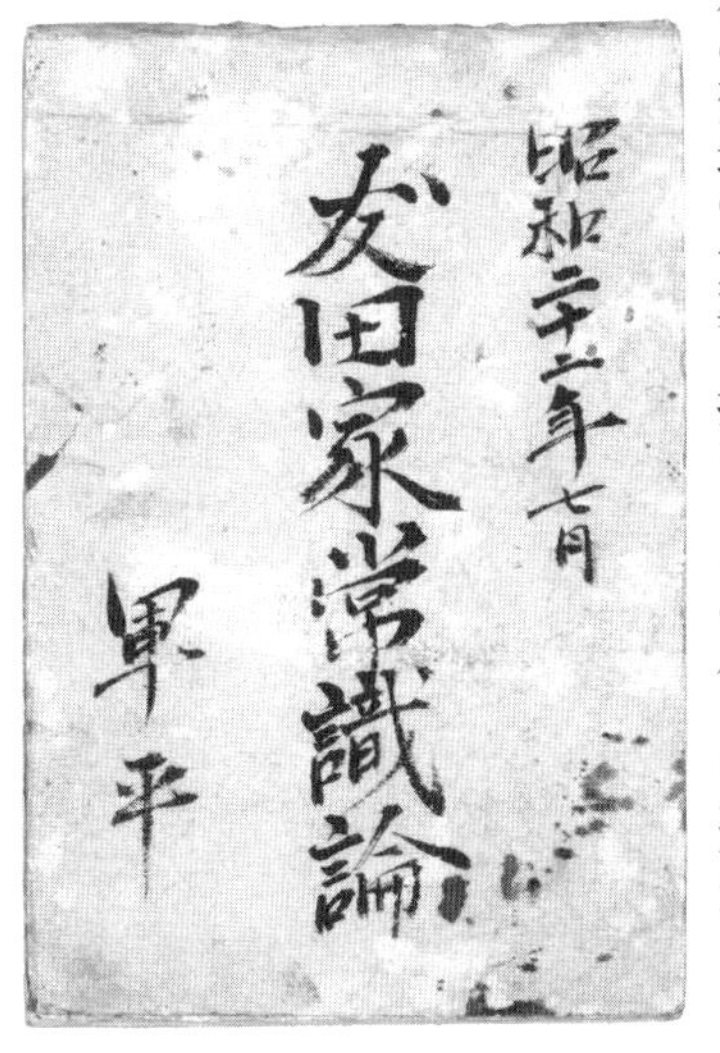

軍平がまとめた「友田家常識論」

地方、ローカルにあって、吹けば飛ぶような小さな会社であっても、やり方によっては当社のように順調に業績を伸ばし、収益を上げることができます。大手飲料メーカーが一〇人いて九人が欲しがる商品づくりで競争を激化させるなかにあって、当社は一〇〇人いて一人に愛される、そのような特徴の強い〝とんがった〟商品づくりをしています。この独自の立場で事業を存続させ、雇用もできています。私としては、当社のこの事業の仕組みをヨコ展開することで、飲料以外の分野でも活用できると考えています。

平成二九年三月にホールディングカンパニーを設立し、その傘下に当社も事業会社として加わりました。これは後継社長を養成する意味合いもありますが、友桝グループのなかで、これから新たにいくつかの会社が生まれ、それぞれに社長が誕生することを目指しているのです。

（「西日本文化」二〇一八年七月発行）

◆

〈主な参考資料〉

佐賀新聞「夏～昭和の面影・友桝飲料」（二〇〇六年七月二八日）

西日本文化四三四号「庶民生活遺産訪問記――地サイダー製造機」（二〇〇八年八月）

林酒造場

京都平野に唯一の
酒蔵の誇りを守る

長寿の清酒「九州菊」

当蔵が清酒に「九州菊（くすきく）」の銘柄を使い始めたのは、昭和一〇年（一九三五）からです。私の祖父になる三代目当主の林九郎が命名したそうです。それ以前は、「若草」の銘柄を使っていたのですが、九郎が最も愛でていた花が菊であったこと。また、菊の原産地は中国で、日本には八世紀半ばに伝わったといいますが、中国では長寿延命の薬草とされていて、邪気を祓う魔除けにもなるので、陰暦の九月九日、厄を祓い、無病息災を祈る重陽の節句には菊酒を飲む風習もあるようです。

漢名では、〝究極〟を意味する菊ですが、栄えるという意味もあると私は聞いています。昭和四年に旧制豊津（とよつ）中学校を卒業したあと、進学を断念し、家業に専念せざるを得なかった

◎語り人
代表　林 龍平さん
（はやし・りゅうへい）
◎プロフィール
昭和37年（1962）10月、京都郡みやこ町生まれ。北九州市の常磐高校を経て福岡大学体育学部卒業。警察官を目指した時期もあったが、父親の許しを得ることができず家業を継ぐ。小学校時代に始めた剣道を今も続ける。剣道5段。「毎日、毎日のコツコツとした積み上げが大切、商売にも生きています」

企業DATA
社　名：林酒造場
創業年：天保8年（1837）
住　所：福岡県京都郡みやこ町犀川崎山992-2
電　話：0930-42-0015

九郎の「究極の酒をつくり、九州で最も栄える蔵にする」という強い思いが込められているのでしょうね。

林酒造場の創業は天保八年（一八三七）である。江戸時代に幾度となく起こった飢饉のなかでも、被害が一番大きかったといわれる「天保の大飢饉」（天保四年）では、米価をはじめ諸物価が高騰し、都市、農村を問わず餓死、行倒れ、離散が相次ぎ惨状をきわめた。天保八年には、大坂で大塩平八郎の乱が、また諸国でも一揆、打ちこわしが続発して幕藩体制に深刻な影響を与えた。

小笠原小倉藩内でも飢饉状態は深刻であったが、追い打ちをかけるように、天保八年正月、小倉城本丸、天守閣を火災で焼失するという事件が勃発し、さらに藩の情勢を苦しくした。加えて幕府から大規模な河川工事の命が下るなど、小倉藩は苦難の時代を迎えた。ともあれ、この小倉城の焼失と同じ年に、藩内の旧仲津郡内で「林酒造」は誕生している。

昭和の初めですから八〇年以上前になりますが、この京築地区（福岡県東部に位置する行橋市、豊前市、京都郡、築上郡の二市五町）に酒蔵は三二社あったそうです。ですが、第二次世界大戦や地域経済を支えていた石炭産業の衰退などもあって消費が伸びなかったこと、さらに後継者問題もあって、その数は年々減少しました。昭和五〇年代には一〇社にまで減り、そして今でも酒づくりを続けているのは、当蔵が唯一です。

林酒造の創業者は、林熊太郎である。だが、話はその義父・平作にまでさかのぼる。仲津郡崎山村の庄屋兵右衛門の次男として生まれた平作は、二四歳で分家する。分けてもらった資財を活かし、自ら諸雑貨を担ぎ、商いを始めたと伝わる。温厚な性格もあってたちまち信用を得、数年もたたずに郡内でも屈指の豪商に成長

する。主な商いは、酒造、醬油、蠟（ろう）の三業であったが、それぞれに業績を高めた。

この平作の娘・カツの婿として養子に入ったのが、熊太郎であった。「熊太郎は三業の営みのなかから酒造に絞りこみ、今川沿いにたたずむ崎山集落のなかに酒蔵を構え、本格的に酒造業に取り組んだのです」と龍平さん。

みやこ町の西部に位置する崎山地区は、標高が四〇～五〇メートルあり、西の赤村（あか）を経て秋月（あきづき）・太宰府へと通じ、東は行橋から瀬戸内各所へとつながる豊前国における重要な〝交通の要衝〟に位置した。古代・中世には準官道、江戸時代には「秋月道」と呼ばれ、往来する人も多かった。また、江戸期には今川の上流にある赤村から米を積んだ船が、大橋（現・行橋市）の米蔵まで行き来していた記録も残る。

地酒の自立をつらぬく

当蔵が生き残っているのには、二つの大きな理由があります。まず一つ目は、昭和三〇年（一九五五）に九郎が行橋市で酒小売業者と協同で酒類問屋「行橋酒類販売」を創設したことです。九郎は自ら社長を務めるのですが、販売会社を持ったことで酒づくりに専念できたこと、これが強みになりました。

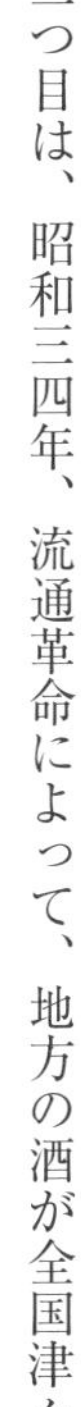

二つ目は、昭和三四年、流通革命によって、地方の酒が全国津々

酒蔵

浦々まで届くようになり、また一方で灘や伏見などの大手の酒が地方にまで、流通することになりました。この「つくれば売れる」という時代に、大手酒造メーカー各社は地方蔵が産した地酒をタンクごと買い取り、自社醸造酒として販売しました。いわゆる〝桶買い・桶売り〟です。酒は瓶に詰めて出荷された時点で課税対象になるので、「未納税取引」とも呼ばれました。

桶売りに頼った蔵元は、大手メーカーの要望に応じた酒をつくったため、その蔵の持ち味を徐々に失いました。その後、地酒ブームがやってくるのですが、大半の蔵は自立できず、また買い手の大手メーカーからも取引を打ち切られ衰退しました。

このような時代のなかで、当蔵は小さくとも一国一城の主として、自らの銘柄で勝負してきました。これが結果として、蔵の存続につながったのだと思っています。

九郎は時流に敏感な人物だったという。自動車時代の到来を予測し、昭和三三年には苅田町に自動車学校を創立、自ら理事長も務めた。さらに、旧国鉄田川線（現・平成筑豊鉄道）崎山駅の開設にも尽力した。同駅の開設後、崎山地区はゴボウ栽培が盛んとなり、今では地区の特産品となっている。

また、九郎は小学校から始めた剣道の腕が優れており、旧制中学卒業時には六段位を得ていたと伝わる。酒蔵の横に剣道場「練心館」を建て、地域の子どもたちの指導にもあたった。昭和四四年、九郎は五八歳で逝去するのだが、四代目を継いだ平作もまた幼いころから剣道に励み、法政大学時代には全日本大学剣道大会で準優勝という輝かしい記録を残している。

水と米に恵まれた蔵の立地

うまい酒をつくる条件として、まず挙がるのが水の良さです。酒蔵の外に直径二・五メートル、深さ一五メートルの大きな井戸がありますが、この井戸水は、今川の伏流水（ふくりゅうすい）(1)です。常にこんこんと湧き出ています。酒づくりに適した名水の条件は、麹菌（こうじ）と酵母の働きを助けるために、それらの栄養となるカリウムとリン酸、マグネシウム、カルシウムなどの成分を多く含んでいることですが、今川の伏流水はそれらの成分が豊富です。

また、水は水中に含まれているカルシウムイオンとマグネシウムイオンとの含有量の合計によって、硬水と軟水に区分されます。一般に硬水だと辛口の切れのよい酒、軟水は甘口でマイルドな酒になると言われます。当蔵の水は硬水ですから、辛口の酒になります。

二級河川「今川」の水源は、修験の山、英彦山の豊前坊・高住（たかすみ）神社の「獅子の口」という小さな水口（みずくち）である。ここから流れ出た清らかな水は、添田（そえだ）町の津野（つの）、赤村、みやこ町の犀川（さいがわ）、豊津を経て、行橋市の中心部を流れて豊前海に注ぐ。その長さは三九キロにおよぶ。上流の添田町には、昭和四七年（一九七二）に完成した県営油木ダムがある。貯水量は一七四五万トンで、洪水調整、農業

今川沿いの林酒造場

用水、飲料用水、工業用水、水力発電と五つの働きをする多目的ダムで、北九州市、行橋市、苅田町の水道用水の貴重な貯水でもある。

酒づくりでは、多量の水を使います。その量は、米一トンに対して、一〇〇〇〜一五〇〇トンにもなります。米を洗い、水分を吸収させる「洗米・浸漬（しんせき）用水」、酒をつくるための仕込みに使う「仕込み水」、容器の洗浄などに使う「雑用用水」、さらに瓶を洗う「洗瓶用水」、酒のアルコール調整（割水）をするための「加水調整用水」、瓶詰作業で使われた器具を洗浄する「雑用用水」です。これらの用水には、すべて同品質の水が求められます。

酒づくりの二つ目の条件は、米選びです。酒づくりに適した米は、犀川産を中心に、豊津産や勝山（かつやま）産、赤村産など、すべて今川の水で育った地元産に限定しています。

毎年三月の「蔵開き」には、例年三〇〇〇人以上が集まります。

毎年３月開催の「蔵開き」には多くの人が訪れる

福岡都市圏、そして全国へ

父の平作は、私に酒づくりを継がせ、弟の剣司郎には販売を任せました。行橋酒類販売は数年前に京築酒販と合併し、弟はいま、その酒類問屋で専務をしています。

私には二人の息子がいるのですが、長男・昇平は三年前、大学卒業と同時に当蔵に入って酒づくりを修行中です。日本酒の業界は、これからもっと厳しくなると説得したのですが、どうしてもやりたいとのことでした。高校三年生の次男もまた、大学進学では醸造学科を目指しています。親としては、消費が落ちている日本酒の将来を考えると、業界はこれからもっと競争が厳しくなると思っていますから不安もありますが、家業である酒づくりに関わってくれるのは嬉しいことです。

酒づくりは毎年、一一月末から三月いっぱいは新酒の仕込みで忙しい日々が続く。「ときには零度以下に冷え込む蔵内で、早朝からの仕事になります」(龍平さん)。焼酎の仕込みも終えた五月から九月末までの期間は比較的手が空くという。その時期を利用して、新商品の開発にも力をいれる。「酒粕を使った当蔵オリジナルの美容石鹼や入浴剤です。また、お湯や水で溶かせば甘酒がつくれる、乾燥させ粉末にした酒粕の商品化も進めています」

父は平成二四年(二〇一二)に七九歳で亡くなりましたが、生前、「注文がなくとも月に一回は、お得意様の顔を見に行け」と言われていました。当蔵の酒は、京築地区には流通しているのですが、県内でも福岡市内ではまだまだ知っている人が少ない。これから一〇年から一五年をかけて、徐々に知名度を高めていきたい。東京や大阪などの大消費地は、その後の展開だと考えています。商社を通じて、中国本土や台湾、香港などの日本食レストランなどで提供していただくようになりましたが、海外市場もこれからです。

◆

〈注〉

（1）河川敷や旧河道の下層にある砂礫層を流れている地下水

〈主な参考資料〉

広報「みやこ」（みやこ町発行）

市報「ゆくはし」（行橋市発行）

（「西日本文化」二〇一八年一〇月発行）

レイメイ藤井

時代に合わせて柔軟に変化
一本店二本社体制で活動

「老舗は変化を恐れない」

直面する人口減少や労働人口減少による働き方改革、IoT（Internet of Things）やAI（人工知能）といったIT（情報技術）の進化による環境の変化によって、日本社会はいま変革期を迎えています。私たちが取り扱っている紙、文具、事務機の業界もペーパーレスやEコマース（電子商取引）などの台頭によって、著しく環境が変化しています。このような変化が激しく、厳しい競争時代に生き残っていくためには、いわゆる商品の販売だけではなく、「状況に応じた提案」「新たなソリューション提案」などの付加価値を付けた営業が大切となっています。

基本的に「face to face」の営業、地域に密着した営業を展

◎語り人
社長　藤井章生さん
（ふじい・あきお）
◎プロフィール
昭和41年（1966）年5月、熊本市生まれ。早稲田大学商学部卒。旧日本長期信用銀行、西日本リース興発株式会社勤務を経て、平成13年（2001）に株式会社レイメイ藤井入社、平成16年専務、平成18年9月には、40歳で社長に就任する。

企業DATA
社　名：株式会社レイメイ藤井
創業年：明治23年（1890）
福岡本社：福岡県福岡市博多区古門戸町5-15
電　話：092-262-2222
東京本社：東京都江東区森下1-2-9
熊本本店：熊本県熊本市西区上熊本1-2-6

開していますが、今後はアナログとデジタル、リアルとネットとの融合を模索し、より一層の進化を目指すことが必要だと考えています。「老舗は変化を恐れない」をモットーに、歴史と伝統を大切にしつつも、時代に合わせて変化ができる柔軟性こそが弊社の特徴だとも言えます。

明治二三年（一八九〇）三月、初代藤井常次郎は線香の包み紙や茶袋に目をつけ紙の販売を思い立ち、熊本市新町に間口二間の小店「藤井商店」を開いている。熊本市内ではこの三年前の明治二〇年、のちに旧制第五高等学校（現・熊本大学）と改称される官立の第五高等中学校が開校している。ちなみに、「坊っちゃん」や「草枕」の名作で知られる夏目漱石が同校に英語教師として赴任したのは、明治二九年のことである。また明治二四年には、九州鉄道（現・JR九州）が門司駅（現・門司港駅）─熊本駅間で開通している。

初代・藤井常次郎のころの引き札

まさに創業と時を同じくして、小・中学校、女学校、高等学校、専門学校、官庁の新設や、明治二二年の熊本市制の発足などで紙類、ノート、帳簿類、文房具の需要が激増したこともあって、藤井商店は紙、文房具の専門店として成長の歴史を刻むこととなった。

さらに明治二八年に日清戦争後の好景気と起業ブームのなかで熊本県の財界人が資金を出し合って設立した

九州では初めての製紙工場「肥後製紙」が、八代市坂本に移り、「東肥製紙」（現・日本製紙株式会社）と改名し明治三一年から操業を始めたのを機に、藤井商店は東肥製紙製品の九州一手販売を委託されることになる。

弊社は和洋紙・欧米文具の紺のれんを掲げてスタートし、紙、文具、事務機と取り扱う商材の幅を広げながら専門商社として成長してきました。また一方で、レイメイブランドの文具メーカーとしての歴史も重ねてきました。現在は洋紙事業（現・ペーパースペシャルティ事業部）、ビジネスソリューション事業部、オフィスサプライ・リテール（小売り）サポート事業（現・オフィスサプライ事業部）、ステイショナリー事業部という四部門で活動しています。

創業から一七年後の明治四〇年三月には、事業を引き継いだ二代目の藤井庄次郎が社屋を新町から細工町へと移転させている。移転に要した日数は一〇日で、新町の従業員六人体制から増員したとの記録が残る。

また、細工町では店頭と倉庫の間にレールを敷設し、トロッコを載せて運行させていたという逸話も残る。当時の熊本市内にはめずらしい設備で、人々の関心を集めたと伝わる。

熊本市細工町の社屋（明治 40 年ごろ）

二つのビジネスモデルで展開

現在、弊社は一本店二本社という欲張りな体制をとっています。登記上は創業の地である熊本市内に本店を置いており、福岡本社を中心に九州全域で展開しているのは、紙、文具、事務機を扱う商社としての活動です。

紙の卸販売事業としては、まず印刷会社に印刷用紙を卸販売し、ティシュやトイレットペーパーなどの家庭紙を量販店に販売しています。二つ目は、文具・事務用品を量販店や文具店・書店などに卸販売しています。そして三つ目が、事務機の販売会社として民間企業や官公庁、病院、学校などの各種事業所にオフィス家具やコピー複合機などの事務機器を販売しているのです。

4代社長・藤井利七

昭和三年（一九二八）、三代目の藤井利吉が急逝。当時まだ東京帝国大学に在学中だった藤井利七が四代目を継ぐことになる。同年三月、利七は組織を変更し、合資会社藤井商店と改めるのだが、この当時の従業員数は男性一五人、女子一人の計一六人であったという記録も残る。

その従業員の服装はといえば、若手は木綿のズボンに厚くて丈夫な綿織物の仕事着・厚司（あつし）（木綿の半纏（はんてん））で、幹部は和服に厚司であったという。運搬には、大八荷車やリヤカーが使われていた時代のことである。

日中戦争が泥沼化する昭和一三年には、国家総動員法が成立し、国策によって全国の製紙会社は強制的に合併をさせられる。紙は政府によって完全に統制され、自由に手に入らないし自由に売れない状況になり、配給制度となった。新聞社も出版社も年々部数の削減を余儀なくされた。紙もまた、米や砂糖と同じく貴重品だったのである。

太平洋戦争中の昭和一九年二月、四代目の藤井利七が当時社長を務める藤井紙業株式会社は藤井工業株式会社へと商号を変更し、航空機部品の製造にも着手したという社歴が残る。藤井工業は戦後、組立建築および家具類製造販売業へと転業を果たしている。

東京本社では、レイメイブランドの文具メーカーとして、さまざまなパーソナル文具の企画・製造・販売をしています。

福岡本社は紙、文具、事務機の専門商社であり、取引先の企業が販売するための商品やその素材、ビジネスに必要なツールやサービスなどを扱う、いわゆるＢｔｏＢ（Business to Business）企業ですが、東京本社は文具メーカーですから、一般消費者を相手とするＢｔｏＣ（Business to Consumer）企業です。ビジネスモデルとしての機能がまったく違います。

昭和二三年一〇月、商号を藤井株式会社と変更しているが、その定款には

①木工品製造加工修理　②紙、文具類の販売
③製紙並びに紙加工業　④印刷、製本、図書出版業

——などが明記された。

創業当時の法被

昭和三五年三月には、熊本商工会議所会頭や熊本ロータリー倶楽部会長などを務め熊本経済界の要職を歴任したほか、熊本県文具・紙製品卸商組合理事長として業界の発展にも貢献した藤井利七の後を継ぎ、息子の輝彰が五代目社長に就任している。

そして昭和四八年七月には、レイメイ事業部東京本社と九州事業部熊本本社の二事業部二本社制を確立している。「紙、文具、事務機の専門商社としてのヨコ軸と文具メーカーとしてのタテ軸の体制です」（章生さん）

「黎明」で社業に取り組む

平成一八年（二〇〇六）九月、私は七代目の社長に就任しました。六代目の藤井邦宏は五代目を務めた藤井輝彰の弟で、私には叔父にあたります。東京で文具メーカーとしての事業を長く担当し、けん引してきた経歴の人で、平成一〇年四月からは社長の役職にあったのですが、私が四〇歳になったら社長の席は譲ると当初から決めていたようです。

会社に入って五年半が経ったところだったので、私としては「えっ、もうですか⁉」というのが正直な気持ちでした（笑）。六代目の叔父には、四年間を代表取締役会長という肩書で並走していただきました。

平成元年には、藤井株式会社（熊本市）、藤紀株式会社（鹿児島市）、栄光株式会社（福岡市）という関連の三社が合併し、社名を「株式会社レイメイ藤井」としてCI（Corporate Identity）作業に取り組み、コーポレートマークを発表している（令和五年六月よりコーポレートマークを「黎明」を表した「レイメイアーチ」に変更している）。

「レイメイ」の四文字には、「黎明――夜明けの清新な気持ち」で社業に取り組む心意気が表現されている。昭和三一年に社報「黎明」を創刊、昭和三八年（一九六三）には誌名を「れいめい」とし発刊を続ける。『黎明』は昭和二年に商標登録しています。三代目の急逝によって、当時まだ学生だった藤井利七が四代目を継いでいますが、私の祖父である利七が社長就任時代から使用している商標でもあるのです。利七は自社のブランド商品を持つことにこだわり、オリジナルの書道半紙などを販売していたようです」（章生さん）

昭和三三年に発売したオリジナルブランドの「ゴッホ画用紙」は、九州各県の小中学生を対象とした美術展応募用の指定用紙となっている。

平成二年一〇月には、創業一〇〇周年記念の式典を熊本ホテルキャッスルで挙行。また記念事業として、熊本市内で「近代絵画の流れ展」を開催している。

平成三年二月からは、福岡本社ビルが竣工したことに伴い、紙、文具、事務機の商社としての福岡本社と文具メーカーとしての東京本社の二本社体制とし、創業の地・熊本には本店を置き新たな社歴を刻むこととなった。

父の輝彰は二八歳で社長に就任し、三八年間務めるのですが、就任当初約一〇億円だった年間売上高を四〇〇億円にまで伸ばしています。印刷会社向けの洋紙卸や、企業・官公庁向けの文具販売だけでなく、高度経済成長期にかけてはオフィス需要の増加から、オフィス用品、オフィス家具、計算機、

社報「黎明」創刊号

事務機器などにも領域を拡大していったのです。同時に、九州一円に営業拠点を開設し、文具専門店や量販店向けの卸事業部門も大きく成長させています。

福岡市内には昭和二八年から進出していたという歴史が残っていますが、平成三年に本社を移したのはこのまちのポテンシャルの高さに注目し、その後の発展を見込んでのことだったと思います。商社としては市場のより大きいエリアにベースを置いて、拡大していくべきだろうという英断ですよね。

福岡本社の社屋

福岡本社ビル二階に開設の「ペーパーイン」は、「紙情報の発信と紙文化の創造」をテーマにした、紙との出合いをサポートするショップ&ショールームである。一般紙から特殊紙まで約三〇〇〇アイテムの紙を四切サイズで在庫するという。PAPER INNプロダクツとして、ステイショナリーをはじめペーパーアイテムなど、紙にこだわったモノづくりを展開する同社ならではのオリジナル商品である博多活版カレンダーや博多献上柄の手紙箋、はがき、博多小袋、博多金封(五色献上柄)なども並ぶ。ギャラリースペースでは活版アーティストカード展、彫紙アート展、折り紙の呼吸展など紙に関連したイベントを開催し、また紙でつくったさまざまな作品を常設展示する。

平成二六年一月には、福岡本社一階に、各種高速デジタルプリンターや3Dプリンター等の複合ショールームとしては九州初となる「博多 PRODUCTION LAB」も開設している。[1]「モノづくり研究所」として、知的

――生産に役立つツールをつくり、これを社会に広めることを使命としているという。

"人"を一番の財産とする

弊社の歴史を振り返ると、販売を主体としてきた会社だと言えます。販売を行ううえで、一番の財産はといえば、それは"人"です。なかでも営業職のポジションにある社員には、とくにがんばってもらう必要があります。営業職にある社員たちに私が期待するのは、「何事にも前向きに取り組む」という姿勢です。会社に入ったばかりの段階では先輩社員から教えてもらうことも多いものです。ですから、最初の段階では「素直さ」も大切なことだと思っています。福岡で毎年一〇～一五人前後、東京は三、四人の新入社員を採用していますが、お客さまと接する機会の多い仕事ですから、採用試験の面接の際には、何よりもまずコミュニケーション能力の高い人材を求めていますね。

平成九年（一九九七）七月には、社会環境の大きな変化に対応するため、組織の変更を行い、合わせて呼称も変更している。事務機部（現・ビジネスソリューション部）内にシステム課を新設したほか、文機営業本部と文機部をOS営業本部、OS部へと呼称変更した。OSは「Office Supply（オフィス・サプライ）」の略語で、コピー用紙、文房具、ノート、ふせん、クリップなど、あらゆるオフィス用品を届けることを意味する。また特販営業本部と特販部は、RS営業本部、RS部へと呼び名を変えた。RSはメーカーや卸売業者が小売業者に対して経営的な支援活動を行う「Retail Support（リテール・サポート）」を意味する。さらに平成一二年七月には、OS営業本部とRS営業本部を統合し、OS・RS営業本部とし、同営業本部

―の下に物流システム部を置き、IT事業開発室を新設している。(2)

文具メーカーとして海外展開も

文具のメーカーとして、弊社は自社工場をもっていません。企画・開発で仕様を東京本社でつくって、国内外の協力工場に製造を発注します。その協力工場の七割は、台湾や中国の会社です。台湾や中国が経済発展するなかで、日本のメーカーが発売する質感のよい文具の需要も年々高まってきています。

パーソナル文具のメーカーとして、数多くのヒット商品を世に出してきた。昭和三六年(一九六一)の「ケンコー書見台」であり、昭和五五年の「55(ゴーゴー)筆入」と「1、2、3筆入」であり、平成二年(一九九〇)の地球儀であり、平成八年の「Davinci(ダ・ヴィンチ)システム手帳」と「HENCKELS(ヘンケルス)ハサミ」であり、平成一九年のペン型コンパス「PENPASS」であり、平成二一年の「KUM(クム)」製品とペン型ハサミ「PENCUT」などである。

「55筆入」の発売時には、テレビ朝日系全国ネットのテレビ番組のCMスポンサーとなって、販売拡大に努めた。イタリアの天才画家「レオナルド・ダ・ヴィンチ」の名を冠したシステム手帳「ダ・ヴィンチ」シリーズは、手帳の基本的な性能である「記録する」「整理する」を重視して設計したブランドで、革の特徴を活かし丁寧に仕上げたエグゼクティブ向けの逸品ということで、平成一四年から三年間、TBS系で全国放送された全米女子プロゴルフ公式戦「ミズノクラッシック」で三〇秒CMを流してアピールした。

また古くは「SPALDING(スポルディング)」「Olive des Olive(オリーブ・デ・オリーブ)」などのライセ

一ンス商品なども加工生産している。

平成二三年一〇月には、香港オフィスを開設し、香港を拠点に中国本土や東南アジア諸国・地域での文具の販売拡大を目指してきました。アジアには平均年齢が二〇～三〇歳代前半である国や地域が多く、今後、子どもの数が増加し、経済成長にともなって教育制度の充実も見込めるため、文具市場にはまだまだ伸びる可能性があると見込んでいます。

〝アジアの玄関口〟といわれる福岡には、東京よりもこれらの国・地域に近い〝地の利〟があります。オリジナル文具の輸出量を伸ばすことができれば、国内の文具市場が縮小していくなかでも売上高を維持することができますし、さらに拡大する道も拓けると期待しています。

（「西日本文化」二〇一九年四月発行）

◆

〈注〉

（1）現在、福岡本社ビル一階には、ドローン専門店「DJI認定ストア福岡博多」がオープンしている。

（2）現在、OS・RS営業本部はOS事業本部となり、物流システム本部はOS事業本部と並列となった。

〈主な参考資料〉

「レイメイ藤井　一二〇年のあゆみ」（株式会社レイメイ藤井発行）

竹下製菓

「おいしい、楽しい商品をつくって社会に奉仕する」を企業理念に

「ブラックモンブラン」発売から五〇年

九州の皆さまに愛していただいているアイスクリーム「ブラックモンブラン」は、令和元年（二〇一九）五月に発売五〇周年を迎えました。硬めのクッキークランチ、ちょっぴりビターなチョコレート、さっぱりしたバニラアイス、それぞれにクセのある三者が合わさると不思議に調和する点に特徴のあるロングセラーの商品ですが、その産みの親というのは、私の祖父である竹下小太郎前会長です。

祖父は経済視察団の一員としてヨーロッパを訪れたとき、フランスとイタリアの国境に位置するアルプス山脈の最高峰「モンブラン」を目の前にして、「この真っ白い山にチョコレートをかけて食べたら、さぞおいしいだろう！」と感じた

◎語り人
社長　竹下真由さん
（たけした・まゆ）
◎プロフィール
昭和56年（1981）9月、佐賀市生まれ。佐賀県立佐賀西高校卒業後、東京工業大学では大学院まで進学し、社会理工学研究科経営工学専攻を修了。4年間の外資系コンサルティング会社での勤務を経て、平成23年（2011）竹下製菓に入社。商品開発室長などの役職を経て、平成28年4月、34歳で社長に就任する。

企業DATA
社　名：竹下製菓株式会社
創業年：明治27年（1894）以前
住　所：佐賀県小城市小城町池の上2500番地
電　話：0952-73-4311（代）

その思いを基に、佐賀に戻ってから商品化したのが、「ブラックモンブラン」です。

小太郎は寒い地域でもアイスをおいしく食べてもらうにはどうしたらいいかと考え、バニラを濃厚なチョコレートでおおい、クッキークランチをつけるというアイデアを思いついたという。フランス語でモンは「山」、ブランは「白」。「白い山」の意味をもつモンブランの標高は約四八一〇メートル。西ヨーロッパでは最高峰である。包装紙に社名を書いただけの商品が一般的だった時代に、「ブラックモンブラン」というオリジナルな商品名を付けた。そこには、「アイスクリームの最高峰を目指すぞ」という小太郎の強い気持ちが込められている。

令和元年が五〇周年という節目の年ですし、私も実際にこの目でモンブランを見たいという気持ちもあって、平成三〇年（二〇一八）八月に初めて現地を訪れました。冬だと雪山はきれいに撮れるのですが、手前に緑の樹々を入れて、濃淡を出すのであれば、夏の季節の方がといいということを聞きました。五〇年前に祖父もこの地でアルプス山脈を眺めたのかと思うと、感慨深いものがありました。

「ブラックモンブラン」のアイスバーには、当たりクジがついています。これは、もともと弊社でキャラメルを製造していた時代に販売促進策として考えた、カードを集めて弊社に送ってもらえば当たり商品を出すというアイデアがヒントになっています。食べ終わったあとにも楽しみを感じてもらえるようにという仕

真由さんの写真を使ったパッケージ

掛けです。おいしさはもちろんですが、それだけではなく、楽しんでもらえることにも心がけている商品なのです。

そのパッケージに雪を被ったモンブランを使うという基本デザインは一貫していますが、毎年キャンペーンのゲーム内容に変更があるため、パッケージデザインは変えています。今年のキャンペーン商品のパッケージでは、私が撮影したモンブランの写真を使っています。

甘味料と香料を加え着色して固めたようなアイスキャンディーが多かった五〇年前の発売当初に比べ、今日では、「ブラックモンブラン」の類似商品やライバル商品も数多く発売されている。このため、より一層のおいしさを求めて、その時々にマイナーチェンジを重ねているという。「食べ方を考えたり、工夫したりして、オリジナル感を出していることも『ブラックモンブラン』が皆さまに愛されている理由ではないかと思っています」

節目の年となった令和元年、三種類の「モンブラン」を発売している。一押しのカップ入り「ブラックモンブランカップ」のほか、新作の「ミントモンブラン」と「八女抹茶モンブラン」である。

「竹下商店」時代の工場内の様子

夏場の売上減対策でアイス製造

創業は明治二七年（一八九四）以前にまでさかのぼります。当初は現在の鹿島市内を中心に個人で商っていたそうです。初代・竹下佐七は饅頭や羊羹などの和菓子のほか、当時まだ珍しかったマシュマロなどの西洋菓子を製造して販売を始めています。

弊社が創業以来の製菓部門に加え、冷菓（アイスクリーム）部門を創設したのは、戦後のことで、昭和三三年（一九五八）です。菓子の売り上げが落ちる夏場対策として、手づくりによるアイスバーの製造をスタートさせています。

大正二年（一九一三）、二代目を継いだ佐八は、佐賀市元町に新工場を建設し、ビスケット類の製造を開始している。駄菓子の「フローレット」などと合わせた卸販売で事業を拡大し、そのエリアを九州一円にまで広げていった。

また同時期、明治三二年森永西洋菓子製造所として創業され、トレードマークに「エンゼル」を使ったキャラメルなどを製造する現在の森永製菓との間に特約店契約を結び、佐賀県内での商品の流通を取り仕切ってもいる。

佐八は、「佐賀製菓株式会社」を組織し、九州でもいち早く菓

佐賀製菓の工場ではビスケットを製造

子の大量生産を実現した人物なのだが、第一次世界大戦後の大恐慌の影響を受けたこともあって、大正末期には、この会社の経営が傾くこととなった。

昭和二年、佐八は、長男の小太郎とともに、「合名会社竹下商店」を設立して、再起を図っている。昭和一五年には、中国・上海に支店を開設した社史も残る。翌一六年には、佐賀市大財（おおたから）町にあった工場が狭くなったため、旧長崎街道沿いで佐賀城下の西の入口として栄えた佐賀市道祖元町（さやのもとまち）に工場を移転している。「佐賀藩御用達の豪商・深川家の屋敷あとだったそうです」と真由さん。移転を機に、商号も「竹下製菓合名会社」へと変更している。

佐賀製菓株式会社の全景

国産初のアイスバー製造機

第二次世界大戦中は、三代目である小太郎の出征などもあり、事業を一時中断した時期もあったようですが、昭和二〇年（一九四五）、小太郎は無事に帰還し、終戦後の物資不足のなかで工夫を重ねて菓子製造を再開しています。戦後の一時期ではあるのですが、昭和二四年には、給食用パンの製造を行い、さらに翌二五年からはキャラメルの製造を始めたと記録にあります。

こうして事業は順調に伸びていくのですが、このようななかで、菓子類の売り上げが落ちる夏場対策として、昭和三三年に手づくりでアイスバーの製造を始めることになります。初めてのアイスバー製品は、菓子づくりのノウハウを活かした小豆のアイスバーだったそうです。昭和三〇年代初め、大手メーカーは海外製のアイスバー製造機を導入して、大量生産体制に入っていました。ですが、地方の中小メーカーには、その価格は高く、売り上げに見合うものではなかったといいます。このため、小太郎は東京にある機械メーカーと共同で、価格を抑えたアイスバー製造機の開発に着手します。そして約二年をかけて、オートメーションによる国産第一号のアイスバー製造機を完成させています。昭和三六年のことなのですが、この製造機は性能的にも優れたものであったようで、国内だけで二〇〇台以上が売れたそうです。海外製に対抗して、国産機の時代を切り拓く一翼を担うことができたというのは、弊社にとってもすばらしい経験にもなったことでしょう。

付け加えると、私の父親である敏昭会長が弊社に入社して最初に担当したのが、この開発プロジェクトだったと聞いています。敏昭会長は、「機械メーカーの技術者と、寝食をともにしての二年間だった。重要なミッション（任務）で、その分たいへんさもあったが、若さで乗り切れたし、自分にとっては記憶に残る、思い出深い期間であった」と、今でもよく話してくれます。

昭和三八年、製菓部門は、今でもファンが多いマシュマロ菓子「鶴の里」の製造を開始している。昭和四一年には、現在の「竹下製菓株式会社」に組織を変更し、社内の体制も整っていった。そして昭和四四年五月七日、待望のアイスクリーム商品「ブラックモンブラン」の発売日を迎えることになる。

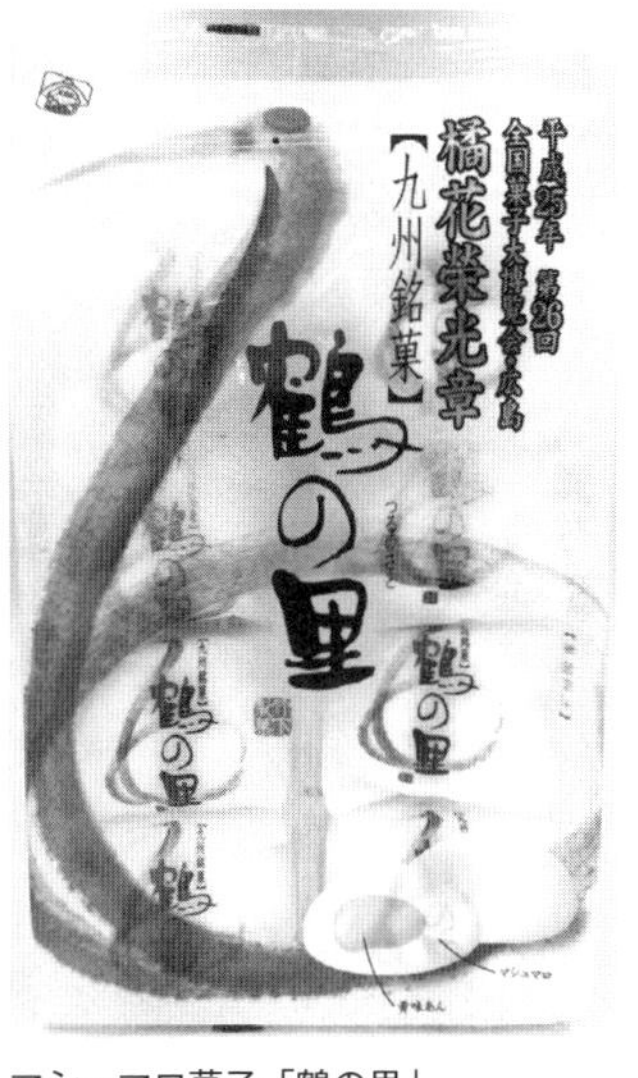

マシュマロ菓子「鶴の里」

昭和五三年には、工場拡張のため、本社と冷菓部門を小城市へ移転し、新工場での操業をスタートさせています。佐賀市内の住宅街のなかにある工場では、大型トラックの出入りにも不便が出ていました。

それに小城のまちは、昔から羊羹づくりが盛んであると同時に、酒蔵の多いエリアでもあります。空気が澄み、清らかな水が汲める地域だからです。水はアイスクリームづくりにも大切な条件で、使う水によってアイスの味が変わってしまうほどです。

移転のための土地買収と新工場建設のために当時の年間の売上高を超える多額の投資をすることにはなりましたが、今から考えると弊社にとっては最良の判断だったのでしょうね。平成元年（一九八九）には、製菓部門も小城の地に移転しています。

小城の丘陵地に立つ工場

“お客さま第一”で商品開発

平成二八年（二〇一六）四月、私は五代目社長に就任しました。三番目の子どもを出産して一年と少しが過ぎたころのことで、三四歳でした。私は一人っ子ですし、子どものころから祖父や父と一緒に働きたいとの思いがありました。

平成二三年に帰郷し、弊社に入社しました。四年ほど勤めた外資系コンサルティング会社では、数カ月ごとに別のプロジェクトに参画する、たいへんに忙しい職場でしたので、戻った直後は〝のどかな職場だな〟と感じました。真面目で素直な社員の方ばかりでしたが、前職の職場での、仕事を奪いに行くぞ、といった働き方との間には大きなギャップがありました。

お客さまの心をつかむ商品をつくるには、何よりも社員一人ひとりがおもしろがって考えること、そこからアイデアをひねり出すことが必要です。おもしろがるその上に、もっと良いものにしていこうという向上心が大切なのです。仕事は〝やるか〟それとも〝やらないか〟であり、プライドの問題だと私は思っています。

現在、真由さんは、社会的な活動、業界活動を担う敏昭会長と、広報部門と新規事業を担う外資系コンサルティング会社時代の同僚で夫でもある雅崇副社長に支えられ、社長業の傍ら、商品開発の陣頭指揮に立つ。

「祖父は新しいもの、トレンドに敏感な人でした。その前向きな姿勢が、『ブラックモンブラン』というロングセラーの商品づくりにつながったのでしょうね」

真由さん自身も、平成二六年に商品開発室長に就任して以来、新たなヒット商品づくりに努める。フリーズドライのイチゴを練り込んだチョコレートでバニラアイスを覆い、さらにバニラのなかにジューシーなイチゴジャムを入れた「昔の恋人味〜すっぱいイチゴ〜」や、果物入りのアイスの外側にシリアル食品をまぶした「これで朝食アイス」など、その名称もユニークな商品を世に出している。

「商品名やパッケージは、お客さまが最初に手に取ってくれるかどうかを決める大切なポイント。お客さまの記憶に残る商品名を考え、どのようなパッケージであれば、気にしてくれるだろうかということには常に頭を絞っています」

私が新たな商品を開発するうえで最も重視するのは、商品を手に取っていただいた際に、楽しみや驚きをどれだけ与えられているかということです。弊社に余力があればこそ、商品開発に時間とお金を投入できますので、恵まれた職場環境だと思っています。

職場環境に関して一言付け加えるとすれば、現在は事務部門や営業部門での男女の職種の壁を取り除くことにも努めています。事務所が若手の女性ばかりだと、一気に産休、そして子育てに入ることも予測されます。営業面でも男女で得意なところには違いがありますから、業務的には伸びる可能性が高い。バランスが大事だとの視点で、採用にはあたっています。

地域への貢献を経営の柱に

弊社の売り上げの現状は、製菓部門と冷菓部門で見ると、三対七の比率です。製菓部門の売上高を冷菓部門並みにまで高めようと、いまは取り組んでいます。それが実現すれば、両輪で走る体制が確立できますから、経営的にも安定します。

マシュマロ関連商品は長く製造販売を行ってきましたが、日本における消費が拡大してきつつあることもあり、製菓部門にもまだまだ成長の余地があると考えています。また中小企業の生き残り策の一つとして地域色を出しやすいおみやげ業界への参入を積極的に進めています。おみやげ商品は定価販売できるというメリットがありますから、材料にこだわり、手をかけた商品づくりができます。この点でも地方の中小企業の取り組みには向いていると思っています。

親しみをもっていただいている「ブラックモンブラン」も、一昨年前から九州限定のおみやげ用菓子「ブラックモンブランクランチバー」として、空港や駅、パーキングなどで販売しています。

平成八年（一九九六）には、ＪＲ佐賀駅近くに関連のホテル（現在はアパホテル佐賀駅南口）をオープンした。「現在の佐賀市役所が建っているあたりの場所が、もともとは竹下家所有の土地でした。転地ということで移動になりました。一時は有料駐車場にしていましたが、駅前の発展と佐賀の人が集えて、かつ雇用の創出になればということで、より有効な活用策として私の父がホテルを建てました。運営は竹下製菓の関連会社が行っており、平成二八年にそちらの会社の社長にも就任しました」

平成一〇年には、「合名会社竹下商店」設立からの七〇周年を記念して熱気球・バルーンクラブを社内に発足させている。「『ブラックモンブラン』のロゴの入った熱気球を所有しています。この熱気球は全国各地で開催のバルーン大会に参加しています。もちろん佐賀で毎年秋に開催のバルーンの世界大会のときにも、佐賀の空を飛んでいます」

お菓子やアイスクリームには人を笑顔にさせる力があります。当社の商品も、そのパワーがあると信じていますので、もっともっと多くの皆さんに実際に食べてもらいたいという思いがあります。

そのためにも、祖父が世に出した「ブラックモンブラン」に並び立つ商品、超えられる商品を私自身の手でつくり出したいという思いで商品の開発に取り組んでいます。また一方で、地元を盛り上げ、創業以来一二五年以上の長い年月にわたって育ててもらった佐賀、九州に恩返しをしたいという強い気持ちもあります。

ともあれ、菓子やアイスといった食べものをつくる業界はこの先もなくならないとは思いますが、技術が発展していったらモノを食べる必要がなくなり、味覚データだけで楽しめばいいとか、サプリを摂取するだけでよくなる世界になるかもしれません。そのような時代が到来したら、弊社のビジネスは成り立たなくなります。そのときには、業態を転換しなければならなくなるでしょうね。だからこそ、いつ何が起こっても対応できるよう、常日ごろからいろいろなところにアンテナを張っておき、弊社としてやる意味があることを追求していくこと、それが大切です。そうすることで、会社が生き残り、従業員の生活を守ることにもつながるのではないかと考えているのです。

(「西日本文化」二〇一九年七月発行)

◆

〈主な参考資料〉

「Net IB News（二〇一九年二月二七日）」（データ・マックス）

季刊誌「九州マーケティング・アイズ　VOL.89（二〇一九年春号）」（公益社団法人 日本マーケティング協会九州支部発行）

マルマタしょう油
マルマタ林業

自社蔵での一貫製造を守る
林業では「二〇〇年の森づくり」

水郷の良質な水を使って醸造

――初めに話すのは、「マルマタしょう油」専務の合原紗恵子さんです。

二〇〇年以上前から建つ土蔵造りの蔵が残っています。その自社蔵で麹（こうじ）をつくり、醪（もろみ）を一年以上天然熟成させることで、こだわりの本醸造醤油をつくっています。自社蔵で一貫製造する醤油の原料はといえば、大分産の小麦であり、厳選した大豆であり、塩であり、そして水郷日田（ひた）の良質な水のみです。

醤油の販売だけでがんばっている醸造所は少なくなり、ドレッシングやポン酢など醤油を使った加工品など調味料全般

右から合原俊三さん、眞知子さん、幹知さん、紗恵子さん、万貴さん

◎語り人
マルマタしょう油　専務
合原紗恵子さん
（ごうばる・さえこ）
◎プロフィール
昭和56年（1981）、広島市生まれ。同志社大経済学部卒。平成20年（2008）、中国・上海でマルマタしょう油社長・俊三氏の長男・幹知と知り合い結婚。平成30年末から日田で暮らす。フードコーディネーターの資格を有する。

◎語り人
マルマタ林業
合原万貴さん
（ごうばる・まき）
◎プロフィール
昭和55年（1980）、日田市生まれ。九州工業大学工学部卒。空中写真などからの情報解析、GIS技術等をもちいて森林計画、治山、林道事業、さらには地球温暖化問題の解析などの事業分野に的確に対応する専門技術者「森林情報士」でもある。

企業DATA
社　名：マルマタしょう油合資会社／マルマタ林業株式会社
代　表：合原俊三／合原眞知子
創業年：安政6年（1859）
住　所：大分県日田市隈2-2-36
電　話：0973-22-2050／0973-22-2278

を扱っている醸造所の方が経営的に強くなっています。当蔵は醤油がメインですから、ジャンルを増やすか、それとも日田エリアを中心とした従来からの商圏を拡大していくのか、今はまだ試行錯誤しているところです。

水質が良いこともあって、昔から日田エリアでは酒や醤油の醸造業は盛んだったようです。最盛期に比べたら少なくなっていますが、今でも市内に醤油を販売している醸造所が六、七カ蔵はあります。とはいえ、弊社のように自社蔵で一貫製造している醸造業は珍しくなっています。

大分県日田市には、「天領」として栄えた歴史が残る。豊臣秀吉の時代、豊後国を支配していたのは大友宗麟の子・義統（よしむね）であったが、朝鮮出兵の際に援軍を出さなかったことで秀吉の怒りにふれ、領地を没収された。日田の地は、秀吉が直接支配する「太閤蔵入地」となっている。

江戸時代に入ると、幕府の直轄地（御料）となり、日田の地から代官・郡代が九州全体の大名ににらみをきかせた。日田が天領として栄えるなか、代官・郡代の命によって年貢米や御用金を取り扱うこととなった商人たちは財を成し、力を蓄えた。これらの商人は、「掛屋（かけや）」と呼ばれるが、各地の大名までもが借金に通ったという記録も残る。このお金は「日田金」と呼ばれ、全国に知られた。

「マルマタしょう油」の創業は、一六〇年余り前の安政六年（一八五九）にまでさかのぼる。創業者の合原又七郎は日田の生まれだが、その先祖は現在の福岡県久留米市草野（くさの）の出である。又七郎はもともと日田の有力な掛屋の一つであった「京屋山田屋」の分家である「マルタマ山田屋」の番頭をしていたと伝わる。

平成三〇年（二〇一八）暮れに中国・上海から帰ってきました。私自身は平成一八年から上海に住み、日本の化粧品を中国市場に広める仕事をしていました。平成二〇年に、上海でマルマタしょう油を家業とする合原

家の長男・幹知と知り合い結婚しました。平成二七年には「上海又伊鮮食品有限公司」を立ち上げ、実店舗でのオフライン販売とネットを使ってのオンライン販売を同時にスタートさせました。扱う商品が化粧品から醤油に変わったということですね（笑）。

九州の醤油は甘さに特徴があります。この甘い醤油は中国の人には受け入れにくいようなので、現地の人の好みをリサーチして中国人に向けた商品の開発を行いました。加えて、中国での健康志向の高まりをうけ、化学調味料や保存料を一切使わない商品づくりにも努めています。

日田盆地は北に花月（かげつ）川、南に三隈（みくま）川が流れ、これが合流して大河筑後川となるのだが、関ヶ原の戦い直後の慶長六年（一六〇一）に花月川沿いの月隈（つきくま）山に城が築かれて、豆田（まめだ）町を中心とした城下町、また三隈川沿いには日隈（ひのくま）山の城と隈（くま）町を中心とした城下町がそれぞれに形成された。近代に入り、鉄道や国道はこの二つの城下町の間を抜けて通ることとなる。

ともあれ、掛屋の番頭として商売のイロハを身に付けた又七郎は、独立して日田の田島（たしま）地区で綿屋を開業している。綿屋では各藩がその製造や販売を統制していた計量器具を取り扱うなど幅広い商売をしていたと伝わる。そして、安政六年（一八五九）、今も自社蔵がある隈町で醤油の醸造所を開設している。創業当初から使う屋号「マルマタ」は、今日に受け継がれている。

城下町の町並み

新たに「さんしょう醤油」を発売

平成三一年（二〇一九）三月には、「マルマタ林業」が大分県由布市湯布院町に所有し、管理する山で育てた無農薬のサンショウの実を、たっぷりまるごと醤油に詰め込んだ「さんしょう醤油」を新発売しました。醤油は自社蔵で麹をつくり、もろみを一年以上、天然熟成させたこだわりの本醸造醤油を使用しています。サンショウの風味広がる醤油は料理の隠し味として使えますし、醤油風味のサンショウの実を料理のアクセントに添えることもできます。刺身、ステーキなど幅広い料理メニューにお使いいただけるように仕上げました。

実はこの商品が農林水産省主催のコンテスト「フード・アクション・ニッポンアワード二〇一九」で、日本全国のすぐれた一〇〇産品の一つにも選ばれました。

マルマタ林業が湯布院町に所有する森林は一二〇ヘクタールにおよぶ。広大な広さだが、この森林の二カ所（一ヘクタールと二ヘクタール）では、〝食べられる森〟にすることを目指した広葉樹の森づくり「ヤブトラ物語」が進められている。ヤブトラとは、日田地方の方言で草木がぼうぼうと生えている様子を表す言葉だという。

「ヒノキの人工林が台風被害にあったのですが、被害の整理後、立っているヒノキはそのままで天然更新を試みました。平成二二年のことです。五年が経過したときに、植物に詳しい先生らの指導を受け、当初二五三種あった植物のうち八〇種を選定して、ナンバリングし、それ以外の高木や低木は除伐しました。除伐は今でも毎年続けていますが、森林インストラクターのガイドによる植物観察などの森林教室も開催しています」

「〝食べられる森〟は植樹したサンショウが成長し、数年前から実をつけるようになりました。収穫量も年々増

えたことで、商品化が実現したのです」（合原万貴さん）

九州各地の広大な森林を管理

――ここからは、「マルマタ林業」の合原万貴さんの話が続きます。

弊社は、大分県内を中心に九州各地に森林を所有しています。委託された分を合わせると一二カ所、一三二五ヘクタールの森林を森林経営計画(1)のもとに管理しています。

山で育った木を樵（きこり）さんに委託して伐ってもらって売るという〝素材の生産と販売〟もありますが、森林が茂り過ぎるのを防ぐための間伐が主で年間三ヘクタールの皆伐をしています。このほか、不動産の管理も行っています。

林業の事業を始めたのは、二代目の精蔵であった。明治の末ごろから、大正、昭和の初めにかけて、精蔵は、醤油醸造業での利益を森林の購入に充てたのである。

「所有する森林の面積を飛躍的に広げたのは、三代目の昌一だと聞いています。私の祖父でもある昌一は、二人の兄を太平洋戦争で亡くしたことで、急きょ、醤油屋の三代目に加えて、林業の二代目を継ぐことになります。二〇歳になるかならないかの時期です。祖父は五八歳で急逝するのですが、曾祖父の精蔵の時代に二〇〇ヘクタールほどだった所有する森林の総面積を五倍の一〇〇〇ヘクタールにまで広げています。祖父は〝人間は口があるから恨めしいけど、木は黙ってすくすく伸びるからいい。だから、おれは各地の山林を買ったのだ〟と娘である私の母親に話していたようです」

現在、マルマタ林業の代表は、私の母である眞知子が務めています。眞知子はマルマタしょう油の三代目・昌一の三人姉妹の長女です。家業を継ぐためもあって私の父親でもある俊三を養子に迎えるのですが、その際、俊三に「醤油屋と林業のうちどちらを受け持つか」と尋ねています。俊三が醤油屋を選んだため、母は林業に携わることになりました。

とはいえ、母は進学した九州大学で倫理学を専攻していましたから、林業の知識も現場で働いた経験もありませんでした。そのため、東京農工大学に研究生として二年間通い、そこで林業を一から学んだのだそうです。

又七郎と精蔵

良質なスギが育つには、夏場の高温・多湿な自然条件が必要である。この条件に適した日田では、江戸時代の中ごろからスギの植林が行われていたという歴史が残る。そして、明治に入り、日清・日露戦争後の復興では、日本各地で未曾有の植林ブームが起きている。日本の都市が急速に発展したことに伴い、多くの家や工場がつくられるようになった。大量の木材が必要となり、各地のそれまで雑木林や竹林だった山々にも、スギの木が植林された。日田の林業もまた、筑後川での舟筏（いかだ）の便、下流域にある木工のまち・大川の存在といった社会的条件にも恵まれて発展を遂げた。

日本屈指の美林といわれる「日田杉」は、今では日田の産業の代名詞といえる存在となっているが、このエリアでのスギの「人工林」の比率は、明治の中ごろまでは二〇%程度であったが、大正の中ごろには倍の四〇%台となり、さらに昭和の初めごろには五〇%を超えるまでになっている。

戦後の林業政策への疑問

母は、戦後の林業政策には問題点が多いという意見の持ち主です。原木の値段が下落して所有者が大変な時期に適切な手を打たなかった結果が、現在、政府や経済界が進める〝森の成長産業化〟という政策を招いているというのです。スギやヒノキの寿命は本来なら一〇〇年から二〇〇年なのですが、現状では樹齢五〇年ぐらいの若すぎる木を伐ってしまっています。年輪を重ねた方が木の質は良いです。ですが、現在の製材の機械にちょうどいい大きさの木は、価格面での評価が高いというのが現状なのです。

しかも、伐ったあとに苗木を植える面積の比率は五割にも達していません。持続型の林業政策ではないのです。戦後、蓄積してきたスギやヒノキの資源が減ってきているということになります。九州では宮崎県でとくに伐採が進んでいます。次が鹿児島県です。このあとに、熊本県と大分県が続きます。九州の森林はなくなってしま

2代目・精蔵、3代目・昌一と合原眞知子さん（右端、昭和30年代）

うのではないか、と危惧する人も多いのです。

現在、国有林が国土の二〇%、森林全体の三〇%を占めるなか、日田では民有林が九〇%を占めるという。日田林業は、戦後の昭和二〇年代、復興需要と朝鮮特需という二度の好景気を経験している。その一方で、計画性のない伐採によって森林は荒廃した。立木の売り買いは減少し、原木生産が停滞することとなった。
また、戦前・戦後の統制期に急速に成長した特産品の日田下駄は、二〇年代後半、他県の生産地が資材不足を理由に木製品から化学製品に転換するなかで、販路を北陸から東北にまで広げたという記録が残る。だが、その後は、化学製品の流行に押されて需要は減少している。

昭和 50 年代の伐りだしの様子

私は林業に従事して一四年になるのですが、その当時、大分県は年間の生産目標として八〇万立方メートルを掲げていました。それが、今では二倍の一六〇万立方メートルに設定しています。この間の木材の価格の変動や需要の伸びといった課題については、議論がされていません。将来的に、どのような森林をつくっていくのか、という議論もされないままです。
また、若者たちに地元に残って樵をやっていく意識をどう育むのか。樵さんがいなくなったら、弊社が管理している山から原木を伐り出すことも不可能になります。山の働き手の問題は深刻です。

「一〇〇年の森」を増やす

林業の仕事について最初にやったのは、持山の境界を回り、木の皮を削って弊社の印を墨でつけることでした。毎日山に行って歩いての繰り返しの日々でした。今はレーザー測量で山の様子が分かる時代にはなっていますが、このときに実際の木を見て山の雰囲気を感じることの大切さを学びました。木の質感や皮目を見ることで、分かることも多いということです。

人間は自然を必要とするのですが、自然は人間を必要としません。林業を語るときに一〇〇年は長いとよく言われるのですが、木を育てるには一〇〇年は短いという思いがあります。お金の循環の視点で考えた場合には、厳しい面があることも十分に理解しています。

森林を守っていくことは、民間の独自資本だけでは厳しいことです。国の補助金もありますが、実際に山の現場で使われるのは予算の何％なのか。この検証はされていません。一方で、補助金を申請する際に役所に提出する書類は、年々多くなっている気がします。

母がよく言うのは、「一〇〇年の森を多くしよう」ということです。山を見て危なそうな木は伐って更新した方がよいでしょうが、立てておける木は長く立てておくという森づくりを目指していくことが大事だと考えています。

二社の関連企業として、日田市内で唯一のボウリング場を運営する西日本観光株式会社がある。社有地の有効利用ということで、昭和四八年（一九七三）に開業しているが、ボウリングブームには乗り遅れたとのことだ。施設は老朽化しているが、日田周辺にボウリング場が他にないこともあって、愛好者には喜ばれている。

このほかに、合原家の長男・幹知氏が社長を務めるマルマタ地熱株式会社もある。地中深くから得られる蒸気でタービンを回して発電するのだが、現在はマルマタ林業が湯布院町に所有する森林の敷地内を調査中だという。

湯布院の森づくり「ヤブトラ物語」の一環として、平成三一年（二〇一八）三月から四月に三週間ほどかけて、ツリーハウスを製作しました。日本各地でツリーハウスを製作したことのある建築家の指導を受けて、由布岳が見える場所にある二本のスギの木の間を選び、地元の大工さんや日田の建築家のほか、知人にも手伝ってもらいました。

電気と水道は、近くにある温泉を掘った場所から引きました。電源と温水洗浄便座付きトイレも設備した〝二四時間森を楽しめるツリーハウス〟として設計したものです。二階へは回り階段を使って登りますが、子どもたちが落ちないように二階の側面には網を張りました。

木の使いかたを新しい目線で考える活動が、これからの林業に豊かさをもたらすと感じています。木を素材としてあたりまえに、そして大切に使う日常のなかで、木を育てる仕事である林業の現場に、プライドを持って入ってくる人が増えていくことを私は願っています。

ツリーハウス

〈注〉

（1）森林の経営を行う一体的なまとまりのある森林を対象として、森林の施業および保護について作成。五年を一期とする

〈主な参考資料〉

「天領であった日田市百年の歩み」（日田市明治百年記念事業推進委員会・昭和四三年）
「町並み・家並み事典」（吉田桂二著・東京堂出版・昭和六一年）
「日田市史」（日田市発行・平成二年）
「日田の歴史ものがたり」（日田市教育委員会・平成二四年）
「森林技術」（日本森林技術協会・令和元年一〇月）

（「西日本文化」二〇二〇年一月発行）

鹿田産業

八女ブランド・竹すだれを確立
伝統を生かす室礼文化

百貨店頼みからの脱却

当社は竹の産地・八女地域でつくられる工芸品の一つ、「八女すだれ」を一〇八年前の大正元年（一九一二）からつくり続けています。竹材を割って細いヒゴ状にした竹ヒゴは、八女提灯や竹細工の籠（かご）など地域の工芸品に使われてきました。八女すだれは、織機を使ってその竹ヒゴ一本一本を、手作業で編んでいきます。福岡県知事の指定を受けた特産民工芸品でもあるのです。

私が三〇歳で戻った平成一二年（二〇〇〇）当時、主事業は籐（とう）製品やカーペット全般、ムートン製品といった輸入品を百貨店や通販業者へ卸すことでした。自社で生産するすだれ製品の売上比率は一割程度でした。

◎語り人
社長　鹿田和正さん
（しかだ・かずまさ）
◎プロフィール
昭和45年（1970）、八女郡広川町生まれ。関西の大学を卒業後、大手電気メーカーに就職。東京や大阪などで7年間のサラリーマン生活を経験。平成12年（2000）、父親の和寛氏（元社長）が事業を継承する鹿田産業に一般社員として入社する。平成28年には、従兄である義尚氏（現会長）のあとを受け、社長に就任した。

企業DATA
社　名：株式会社鹿田産業
創業年：大正元年（1912）
住　所：福岡県八女郡広川町太田428
電　話：0943-32-1141（代）

委託販売である百貨店事業の手間のかかりようといいますか、採算性の低さに私は疑問を持ちました。加えて、扱う商品が輸入品ですから在庫が膨大になり、大きな倉庫が必要になります。季節商品の籐製品など夏場に売る商品はその半年前の冬の時期に仕入れます。しかも委託販売ですから、秋口になると返品がドカッと帰ってくるといったことの繰り返しです。それに、百貨店で商品を販売する間は売場に人を張りつかせておかねばなりません。人件費は高くなり、その費用は投資となります。資金のやり繰りの面でも、きびしいビジネスモデルなのです。

電気メーカーで営業畑を歩んできた私の目には、この事業のやりかたでは自社商品のファンが増えず、将来性はないように見えました。商品を扱っている鹿田産業というブランドではなく、百貨店という看板でお客さまは商品を購入します。当社としてはどれだけ投資しても、それに見合う効果がありません。長期的視野で事業を改善すべきだと思ったのです。

大正元年、鹿田社長の曾祖父で、現在の福岡県八女郡広川町に生まれた夘七が、家庭用の日よけすだれや神社・仏閣で用いる御簾（みす）を織る機械を購入して、「鹿田夘七商店」を創業している。

「この当時、すだれ屋さんは八女地域だけでも三〇軒近くあったようですが、いまでは三軒にまで減ってしまいました。そのなかでも家庭用すだれを八女すだれの技法で製造し続けているのは当社だけです」（鹿田社長）。

昭和一三年（一九三八）には、「鹿田製簾所」と改称し、夘七の息子で、鹿田社長の祖父になる實が二代目代表を引き継ぐ。しかし、太平洋戦争の開戦で、實は出兵。すだれを織る機械や道具類をすべて売り払って、工場は一時停止することになった、との社史が残る。

昭和二〇年の終戦によって、戦地から帰った實は、少しずつだがすだれを織る機械や道具を揃えることで、再建を図っていった。この時期、實は九州各地の百貨店に取引口座を開いてもらうために、訪問営業を重ねた。昭和四二年には、「株式会社鹿田すだれ商店」を資本金五〇〇万円で設立。さらに二年後の昭和四四年、現在の社名である「株式会社鹿田産業」と改称した。

「このとき、三代目社長には實の長男で、私の父の兄に当たる鹿田宇佐美が就任しています。伯父は二八年間という長い期間、社長を務めることになるのですが、百貨店を取引先としたビジネスモデルを確立させると同時に、輸入事業の拡大を積極的に進めています」と鹿田社長。

昭和四六年には、社屋を現在地に移転するとともに、鹿田産業と竹材業者との共同資本による「竹市株式会社」を設立、翌四七年には、「九州アロマ工業株式会社」を大阪アロマ工業と共同出資で設立し、アコーディオンドアの生産を開始している。その後も、インドネシアでの籐カーペットと籐家具の製造のほか、中国でのムートン製品の製造も始めている。「百貨店の要請もあって、取扱商品を広げていったようです」

すだれの製造工場を自社で所有し、メーカーとして生産設備があるというのに、それを活かしきれていない。

このことを、私は〝もったいない〟と思いました。

一方、各地で百貨店の閉店や店舗縮小のニュースが相次いでいました。これまでの百貨店での販売に頼ったビジネスモデルが、長続きするとは思えなくなりました。自社で製造するすだれ製品をお客さまに直接に買っていただくこと、これこそが大切だと感じたのです。

平成九年には、四代目社長に鹿田社長の父である和實が就任。すだれ生産を受注生産体制に変更し、製造を開始した。二年後の平成一一年、業界初のワンタッチブラケット式のチェーン操作ロールスクリーンすだれを発売している。
平成一三年には、すだれ製品の防炎工場としての認定を受け、店舗用すだれ市場に参入。さらに平成一八年、業界初のスプリング式ロールスクリーンすだれを発売している。

建築事務所へのアプローチ

私が入社した当時、すだれ製品のみをつくっている会社で、昇降機まで付けたすだれを自社で開発した会社は他にありませんでした。そこで私は九州・山口地区のカーテンを扱う小売店を一店一店訪問する営業を始めたのですが、当社の値付けは、競合他社の製品の半額程度でした。ですから、これは売れるという手ごたえを感じました。大手の競合他社はOEM（取引先のブランドでの生産）で製造した商品を卸すのですが、当社は自社で織っていますから、リーズナブルな価格を付けることができたということです。

平成一三年（二〇〇一）には、販路を拡大するため、東京で開催されるインテリアの総合展「IPEC 2001」に初めて出展しました。そこですだれは店舗の内装に使われることを知り、内装の材料製品を扱う問屋への営業を開始しました。また「JAPAN SHOP +建築建材展」に出展し、カタログも発刊しました。

本社外観

内装製品の問屋への営業活動を続けるなかで、商品を選んでくれるのは問屋ではなく、内装の設計を行う建築家やデザイナーであることが分りました。実際、この内情が分かるまでは、五、六年かかりましたね（笑）。そこからです、建築事務所への訪問営業を始めたのは。

「日本では八百万の神という自然崇拝の『神道』が信仰されており、竹は神様が宿る依代として神聖な植物として古来より重用されました。その竹でつくられたすだれは、神聖な領域と俗界を隔てる『結界』を表す御翠簾と呼ばれる室礼の調度品です。

室内用の竹すだれは、神社仏閣はもちろん客間であるお座敷などをしつらえるための装飾品で、現代のインテリアコーディネートと異なり、客人をもてなす際や季節の行事の際に使う調度品です」（鹿田産業ＨＰより）。

この時期、竹タイルカーペットや、洋風のすだれバンブーストライプスクリーンを発売し、すだれ用途の業態を広げることに努めました。一方で、平成二四年秋には東京ビックサイトで開催された国内最大級の見本市「IFFT／インテリア ライフスタイル リビング」に出展するなど、ブランディングのより一層の強化を図りました。

八女産竹の「八女すだれ」

平成二四年（二〇一二）に、創業一〇〇周年を迎えたのですが、この当時の当社の企業イメージは、籐の製品を輸入して売っている「籐屋さん」でした。そこで、創業一〇〇周年の記念祝賀会の日から「わが社はすだれ屋である」ということを発信しはじめたのです。地域の人さえも当社がすだれを自社で織って製造していることを知らないのが現状だったので、まず地元広川(ひろかわ)町の役場に行って、「伝統工芸品の指定を受けたい」と相談しました。翌年には福岡県知事が指定する特産工芸品に選んでいただくことができ、そこから特産工芸品を展示するいろいろなスペースを紹介してもらうことになりました。

テレビや新聞、雑誌などマスコミの取材も増え、伝統工芸によるインテリアブランドとしての当社の知名度は徐々に高まっていきました。竹や籐など天然素材を使った家具を製造・販売することによって、古来の室礼を受け継いだ、心安らぐ「もてなし空間」を創造するメーカーであること、このことが認知されるようになったのです。

平成二五年、八女地域にあるすだれの製造会社三社で「八女すだれ振興会」を設立し、鹿田産業は代表を務めることとなった。「八女すだれ」は、「奈良時代の遣隋使によって伝えられ、九州の竹工芸師が都の貴族に神殿づくりの仕切りとして献上したことに始まるという」(広川町HPより)のであるが、「八女すだれ」として認められるには、六つの条件を満たすことが必要とされている。

(一) 八女地域の竹材料を使用すること。
(二) 八女地域で生産されていること。
(三) 足踏み織機で生産されていること。
(四) 経糸(たていと)を捻(ひね)って編むねじり編みで生産されていること。

竹割り

(五) 竹の節が手作業で揃えられており、伝統的な節揃えの技法で生産されていること。
(六) すだれの縁が手作業で縫い付けられていること。

――「八女すだれ同振興会」では、平成二七年に、八女市福島地区で「すだれのある風景」キャンペーンをスタートさせている。
また平成二九年からは、福岡県特用林産基盤整備事業の一環として茎の表面に紫褐色の雲状の斑点がある希少品種「雲紋竹」の植林事業を始めている。

「一般に材料として使っている竹は八女地域産ですが、高級な『雲紋竹』は京都産なのです。『八女すだれ』という商品名ですから、縁には広川町に生産者が多い久留米絣を使い、総を八女提灯の総をつくる職人に頼み、オール八女地域産でつくろうということで、『雲紋竹』も自社の創業の地である敷地内に植えました」

「竹ヒゴ工場はわが社にありますから、『雲紋竹』を育てることで、材料から完成品までまかなえる体制を整えました。とは言え、『雲紋竹』が材料として使えるようになるまでには、一二、三年かかりますので、オール八女地域産のすだれ製造は、一〇年後からになりますね」

竹ヒゴを１本１本織っていく

このころ、居酒屋ですだれを使って半個室を設ける店舗が流行していました。競合他社のすだれの価格は当社より高かったのですが、それでも売上を伸ばしていました。さらに価格の安い競合二社目の製品も出回りはじめたので調べてみると、こちらの製品はすべて輸入品でした。

このまま指をくわえて競合他社がシェアを広げるのを見ているわけにもいかないと、平成二二年（二〇一〇）には、東京出張所を開設し、東京の建築事務所への営業を強化しました。

ところが、リーマンショックがあり、居酒屋などの出店や改装がほぼゼロになりました。数字を稼ぐために、関東の百貨店や家具店で籐家具やカーペット類などの販売催事を行って乗り切った時期もありました。

社内には、室礼文化を研究するチームや室礼空間をコーディネートするチームなどがあり、「室礼」について社員も学んでいる。

そもそも、「室礼」とは平安時代から始まった、おもてなしの作法である。お祝いの宴を催すハレの日などに来客に失礼がないよう、一人ひとりに満足してもらえるように心をこめて自然を取り入れた室内装飾に趣向を凝らすことであったと伝わる。その装飾の一つがすだれで、平安時代には「御簾」と呼ばれ、貴族の屋敷、神社仏閣で室内の仕切りとして使われたのである。

時代の流れのなかで、すだれは室内調度品と日除け用の実用品として分かれ、それぞれ進化を遂げることになるのだが、室内調度品のすだれは「御簾」と「お座敷すだれ」に分かれて、現在に至る。

品川区大井町に開いた東京出張所には小さいながらもショールームを設けていますので、時おり建築事務所の設計者やデザイナーの方々が訪れるようになりました。

いろいろな建築事務所を訪ねてすだれ製品を紹介しているなかで、新国立競技場を設計した隈研吾さんから、東京で建設中のホテル案件で竹のすだれを使いたいという話があり、隈研吾事務所の設計室長がショールームにお見えになりました。

隈さんの事務所ではその後、銀座「巴馬ロハスカフェ」、アメリカ・ポートランドで設計の「Chef Naoko SHIZUKU」や東京上野の「廚 otona くろぎ」、などいくつかの店舗で当社のすだれを使ってもらいました。

また、令和二年（二〇二〇）春、京都で開業の日本初進出の五つ星ホテル「エースホテル京都」の回廊での使用や令和三年春に開業の「星野リゾート 界 別府」での使用が決まっています。

部屋の仕切りとして使われる御簾

パリ インテリア展に初出展

いま社内では建築案件を主力にして営業を展開しています。そうすることで、自社のブランドも育ちますし、自社工場を動かすことができます。営業に投資した分、ブランド価値も上がっていくと私は信じているのです。

この事業計画を私は専務になった六年前に作成し社内で発表しました。経営理念として、「私たちは伝統技術を通じて、天然素材の心地よさと安らぎを届けることで、社会に貢献し、世界に通用するブランドを目指します」と掲げました。このときの社内の反応はいま一つでしたが（笑）。

令和二年（二〇二〇）一月、フランス・パリで開催された「メゾン・エ・オブジェ」に初出展した。
「竹製のすだれ生地の可能性を世界に認知させるための挑戦です。経済産業省から『地域未来牽引企業』に認定されたことで、国のバックアップも受けました」
「フランス在住のバイヤーとの取引は、約三〇年前から細々としたものではありますが続いていました。そのバイヤーもいまでは七〇歳を過ぎて高齢になられているので、その方がお元気に活動できる間に販路を固めようと動いているところです」と鹿田社長は声を強めた。

室内用のすだれ製造に特化したすだれ事業ですが、そのメリットは、受注生産ですから、在庫を抱える必要がないことです。店舗の内装には、変わった素材を使って独自性をだすデザインが求められることが多い。すだれの場合も、これまで使ったことないけど使ってみようということで、内装で使う材料問屋にはこれまで取引のないメーカーである当社のすだれ製品を使いたいという指示が建築設計者やデザイナーからくることになる。それらの問屋の大半とは、これまで取引した実績がないので、口座もない。ですから、支払いは前金となります。

現場が大きくなればなるほど、前金で入ってくる現金は大きくなるというわけです。建築案件の分野の販路を拡大すれば、経営も楽になります。当初、私が一人でやっていた事業ですが、いまでは五人に増員して取り組んでいます。とは言え、事業全体から見たら、まだまだ発展の途中だと言えますね。

（「西日本文化」二〇二〇年四月発行）

山口油屋福太郎

海外市場も視野に 二〇〇年企業目指す

創業一一〇年の節目に社長就任

平成三一年（二〇一九）に創業一一〇周年を迎えました。同年、私は社長に就任し、この二月で丸二年になります。当社の主な業務は外食産業への卸売と明太子、めんべいといったおみやげ商品の製造・販売。それに加えて温浴宿泊・飲食施設の運営なのですが、いずれもニュースでコロナ禍の影響を受けたと紹介される業種ばかりです。当然、この間の業績は満足のいくものではありませんでした。私としては、改めて新たなスタート台に立っているという気持ちでいます。

――明治四二年（一九〇九）三月、初代の山口源一が、福岡市瓦町（現・福岡市博多区祇園町）で創業した。「利益はそこ

◎語り人
代表取締役社長　田中洋之さん
（たなか・ひろゆき）
◎プロフィール
昭和44年（1969）5月、愛媛県生まれ、山口県育ち。米カリフォルニア州立大学フレズノ校経営学部卒。世界24カ国約70カ所にリゾートを展開する仏のホテルチェーン（現・株式会社クラブメッド）などに勤務後の平成17年（2005）、株式会社山口油屋福太郎に入社。常務取締役、副社長などを経て、平成31年2月代表取締役社長に就任。博多辛子めんたい協同組合の理事長を務める。

企業DATA
社　名：株式会社山口油屋福太郎
創業年：明治42年（1909）
住　所：福岡県福岡市南区五十川1-1-1（営業本部）
電　話：092-475-7777（代）

そこに。まずお客さまが利することを念頭において商う、お客さまに損をさせないことが大切だということです。これが創業者から受け継いできた山口家のDNAだといえるでしょうね」（田中社長）。

源一の商売を〝陰に日向に支えていた〟妻・リウが二代目を継ぐ。リウには生まれついての商才があっただけでなく、日々の暮らしや商いのなかで生まれた知恵を身につけていたと伝わり、社内ではもう一人の創業者ともいうべき人物として敬われている。

三代目の重氏も商人としてのありかたや心得を、母親であるリウから学んだところが大きかったという。

昭和三〇年（一九五五）一月には、法人化し有限会社山口油屋となる。この時期から、食用油は利益の薄い商品であるということで、業務用食品全般を取り扱うようになった。

昭和五〇年四月、株式会社山口油屋に改組し、外食業務に関連する資材の提供を含め、総合食品問屋へと発展を遂げている。

昭和五九年八月、現在の「株式会社山口油屋福太郎」へと社名を変更しているが、このとき、社長には重氏の長女である勝子（現相談役）の入り婿・毅（現会長）が就任した。そして平成三一年二月には、毅・勝子夫妻の長女・香菜子（現専務）の夫である田中洋之が五代目の社長に就任している。

海外市場を視野に事業展開

平成二五年（二〇一三）に「和食」がユネスコ無形文化遺産に登録されたこともあって、和食ブームは世界に広がっています。とはいえ、アジア人がつくる和食あり、現地の人がつくる和食ありで、実状はさまざまです。日本の食材、素材が正確に使われていない事例も多いようです。

当社は食のメーカーであり物流業者です。そこで、地方の中小企業の方々から購入した日本の食材や新しい素材を、海外のローカルエリアの飲食業の方々に小さなロットから適正な値段で届ける事業を始めました。海外の港に搬入後の各倉庫（や店舗）までの物流網の確立が課題でしたが、アメリカやヨーロッパではパートナーを探しネットワーク化を進めていますし、同時にネットや通販による直接販売も視野に入れています。

また、海外展開を進めるなかで、当社は明太子のメーカーでもあるのですから、明太子のおいしさを海外の人にも知っていただきたいという思いがあります。世界の人は、キャビアやイクラは知っていますし、お寿司に使うトビウオの魚卵を塩漬けにした「とびっこ」も知っていますが、明太子はその存在も値段も知らない。

明太子は、原料のロシアやアラスカで獲れるスケトウダラの魚卵をいったん日本に輸入して加工します。海外展開では、そうやってつくられた明太子を今度は輸出し、販売しています。当社が今後実現したいビジネスモデルは、この方法をやめて、直接アメリカやヨーロッパでつくることです。また魚卵をベースにした調味料づくりの可能性も模索しています。

「株式会社山口油屋」時代の看板

―食用油のはかり売りから始まった商いだったが、現在は「総合食品問屋」と「総合食品メーカー」を事業の二

本柱として展開している。

食品問屋として取り扱う食材は、西日本全域をカバーする食用油をはじめとして、調味料、穀類、冷凍食品など一万五〇〇〇品目を数えるという。

海外から製品仕入れを行う子会社「福太郎インポート」では、アジアを中心に冷凍畜肉製品や冷凍農産製品などの食材のほか、割り箸や竹串などの資材を直接輸入している。


欧米人はどちらかというと魚介類が苦手なのですが、アジア人やヒスパニック系の人は魚介類が好きです。とくにアメリカでは、アジア系やヒスパニック系の人口比率が高くなっており、このマーケットの可能性は大きいと考えています。

また若い世代は、食に関してボーダレスになっています。明太子や魚卵ベースの調味料を使った料理の食べかたや新しい味を提案することで、マーケットは国内だけでなく、海外でも展開できるだろうとの思いをもって動いています。

日本の人口が減少傾向にあるなかで、当然ですが日本人の食の需要も減少していきます。海外との取引はすでに始めていますが、将来を見据えた場合、これからは、海外に向けて事業をどう打ち出していくのかがさらに大切となると考えています。

「総合食品企業」へと成長遂げる

食材卸売業に関しては、従来からの取引先はもちろんですが、一〇年ほど前から医療・事業給食系を強化してきました。この分野はまだこれから二〇年ぐらいは国内でも伸びると思っています。また大手ファミリーレストランチェーンへの納品のほかに、同時に進めていたのが、惣菜や弁当などをつくって売っている中食事業とか、生協などへの卸し、あるいは食品の加工工場向けの食材・資材の卸売りです。

食品のメーカーとしては、二度漬け製法にこだわった明太子、〝明太子とせんべいを融合させた〟「めんべい」の次の商品の開発に着手しています。

平成二五年（二〇一三）、北海道の小清水町に元小学校の校舎を活用して小清水北陽工場を開業しましたが、この地元の町やJAなどとも協力して新たに高校の跡地で、北海道の食材を使った新商品づくりの準備を進めています。

明太子の製造は昭和四七年（一九七二）までさかのぼる。新たな開発商品として手掛けた辛子明太子だったが、手間暇を惜しまない製法による〝味のよさ〟が評判を呼び、二年後には、福岡の老舗百貨店「岩田屋」（現・岩田屋三越）に出店。さらに昭和五〇年三月には、新幹線の東京—博多間が開通し、地元の人気みやげ品の一つとなり、売り上げは拡大を続けることとなる。

二度漬け製法にこだわった明太子

明太子は、博多の辛子明太子から日本全国のモノになりましたが、博多辛子めんたい協同組合としては、博多ブランドとして再構築をしていきたいですね。

配送センターやコールセンターなどコストのかかる部分を組合員で一緒に運営するとか、あるいは一緒に商品づくりをすればロットは半分でよくなります。それぞれが新たな販路を模索しながらも、協業できるところは協業しやっていきたいと思っています。

平成一三年、「めんべい」の販売を開始した。生ものである明太子は賞味期限が短い。賞味期限が長く、またビールのツマミにも合う商品として開発されたのが、「めんべい」であった。

生地には、ジャガイモの「でん粉」を使う。具材として明太子やイカ、タコを練り込んで焼く。プレーン、ねぎ、マヨネーズ味、辛口、玉ねぎなど味も多様で、発売当初から、JR博多駅や福岡空港でおみやげ品として注目を浴びた。

「コロナ禍の令和二年（二〇二〇）六月からは、『めんべいチップス』を全国で売り出しています」（田中社長）。

今では馴染み（なじ）の商品名となった「めんべい」。「めんたいせんべい」では登録商標が難しかったので、社員の一人が発案した中文字を抜く「めんべい」で登録商標したというエピソードも残る。

新たに発売した「めんべいチップス」

「めんべい」は、九州・沖縄地区のご当地名物ともコラボレーションしていて、現在すでに二〇種前後の商品を世に出しています。地元の道の駅などで販売するこの「ご当地めんべい」は、コロナ禍でも売り上げがそれほど落ちませんでした。

当社としては、ありがたかったです。多品種、小ロットで工場は悲鳴をあげていますが（笑）、地域の食材、素材をもっとPRしていきたいという方々に、これからも積極的に協力していく方針でいます。

地域との共生を追求

全国、世界への展開という思いはあります。とはいえ、地域といかに共生できるか、それこそ当社が目指すこれからのありかただとの思いをコロナ禍で強くしています。地元で必要とされる企業であり続けることの大切さだともいえるでしょうね。

現在、四つの工場が稼働する。福岡市南区の本社工場では、明太子を製造。工場見学を実施し、製造工程の一部を公開している。

英彦山の中腹にあるめんべい工場（福岡県田川郡添田町）は、平成一八年（二〇〇六）一一月に開業。元酒蔵を改修した建物で、使用する水は自然にろ過された地下水（殺菌処理済）である。平成二六年七月には添田町内に二つ目のめんべい工場が開業しているが、こちらは廃校になった高校を活用し、工場に改装した。

この他に、ジャガイモの産地である北海道斜里郡小清水町では、小清水北陽工場が操業する。平成二五年七月の開業で、北海道のおみやげ「ほかじゃ」を製造している。

「めんべいの原料であるでん粉が不足している時期に、ラジオ深夜便を聴いていた毅会長（当時社長）が北海道の青年団がダンゴをつくってギネスに載せるという話を耳にし、地元のＪＡに電話して、まさに〝電光石火〟の行動で二日後に訪問しました。問い合わせの電話は何本もあったようですが、実際に訪れたのは毅会長だけだったこともあって歓待され、でん粉を分けてもらいました。その後、廃校予定の小学校があるということで見学し、工場開設につながりました」（田中社長）

女性スタッフを中心に新商品開発

コロナ禍で見直していること、やり始めたことは、

①新しい商品を開発・企画する仕組みづくり
②新しい販路の開拓、聖域を無くして行う
③コストのカット

の三つです。

商品の企画については、毅会長の行動力と勝子相談役のバイタリティを受け継ぐ私の妻の香菜子専務を中心に女性スタッフたちで行っています。若い人たちが何を求めているのか、これをベースにして新しい商品づくりに努めていますが、女性の力をもっと社内的にも活用していきたい。そうすることで、社内はより活性化されるという思いがあります。

添田町めんべい工場

業態が増えているなかで、何をやって、何をやめるのか。当社はいま、判断すべき分岐点にあると言えます。この一年ぐらいで、しっかりと考えて、伸ばすところと撤退するところを決めていきます。次なる五〇年、一〇〇年に向けて会社をどう存続させていくか、これを常に頭に入れて物事を判断していきます。存続しなければ、雇用が守れませんし、地域にも根づいていけませんからね。

社内には、バスケットと女子ソフトボールの「福太郎めんべい」チームがある。バスケットは、男女のチームともに部員の多くが社員で構成されており、寮や専用体育館も所有する。全国クラブチーム選手権を制して日本一になった実績もある強豪チームである。

また、平成二八年（二〇一六）結成の女子ソフトボールは、選手全員が添田町のめんべい工場に勤務する。同じ敷地内に専用グラウンドやトレーニングルームのほか、寮も完備されている。

当社は食を扱う企業体です。健康とフードロスをキーワードに改善に努めています。コロナ禍ですから、免疫力を高めて、おいしく食べられるような商品の提案であり、またフードロスをいかに減らすかという問題は常日ごろから前向きに考え、取り組んでいます。中小企業だからということを言いわけにせず、やれるところからやっていく覚悟でいます。

（「西日本文化」二〇二一年一月発行）

大石法律事務所

久留米で四代継承の法律事務所
一二八年の歴史を次の世代へつなぐ

縄張りなし
依頼者との信頼関係が唯一

弁護士法が制定されたのは、明治二六年（一八九三）のことですが、当事務所はこの翌年に曾祖父の健太郎が長崎県平戸市で開業したのが始まりですから、今年で一二八年になります。明治三三年、健太郎は生まれ故郷である福岡県久留米市に戻り、再スタートを切っています。

「よく人から三代の縄張りがあり、恵まれていると言われるが、弁護士をやってみて、弁護士には縄張りはなく、依頼者との信頼関係が唯一であり、祖父、父より相続した顧客は現在一社に過ぎない」――これは、父の幸二が福岡県弁護士会の会内広報誌『月報』に寄稿した「わが家の弁護士百周年」

◎語り人
所長　大石昌彦さん
（おおいし・まさひこ）
◎プロフィール
昭和36年（1961）10月、久留米市生まれ。明善高校ー中央大学法学部卒業。平成8年(1996) 4月、弁護士登録と同時に、大石法律事務所に入所。翌9年9月、所長である父・幸二の病死に伴い、事業を継承し所長に就任する。平成19年、福岡県弁護士会副会長、九州弁護士会連合会理事。平成24年、福岡県弁護士会筑後部会長。

企業DATA
社　名：大石法律事務所
開業年：明治27年（1894）
住　所：福岡県久留米市櫛原町81-10
電　話：0942-32-2005

の一節です。

私が父の事務所を継承して二五年になりますが、父の顧客から続いているのは数社に過ぎません。多くは、私が自ら、日々の弁護士業務において築き上げてきた人間関係のなかで獲得してきた方々です。まさに「依頼者との信頼関係が唯一」という父の言葉を実感する年月でもあったとも言えますね。

家系図によると、大石家は代々、現在の久留米市城島町下田地区を管理する大庄屋であった。江戸中期の農政学者・大石久敬も家系図に登場する。久留米藩士の家に生まれた久敬は、養子となり大石家を継いだが、久敬が三〇歳の宝暦四年（一七五四）、領内で農民が大一揆を起こした。

「その結果、藩は幕府の追責を恐れ大庄屋に閉門を命じ、なかんずく久敬ら五人の大庄屋に責があるとして内一人を死刑にすることとし、久敬ら五人にくじ引きで受刑者を決めるように命じた。」（『地方凡例録』巻頭言より）

久敬はこのような不条理に納得できず家族や親戚と相談のうえ前夜、妻や子を残して出奔した（帚木蓬生著『天に星　地に花』にも久敬の上記の顚末が記されている）。久敬は、以後三〇年ほど諸国を流浪することになるが、江戸で旗本の手代などを務めていた天明三年（一七八三）、久敬五九歳のとき、現在の群馬県高崎市周辺を領した高崎藩に召し抱えられた。

藩主・松平輝和は、流浪の間に農学、農政に精通した久敬に対し、地方農政の沿革の著述を命じた。久敬は、『地方凡例録』全一六巻の著述にとりかかり、一一巻分の献本を終え、七〇歳で没しているが、晩年は久留米に残してきた妻子を思い、久留米藩に帰郷を請うべく何度も申し入れするも、実現できないままに生涯を閉じている。

『地方凡例録』は天保の改革で知れた水野忠邦もその写本を取り寄せ、また明治六年の地租改正にあたり井上肇が建議書を提出する際に参考にしたとされるなど、江戸時代の農政書のなかでも一頭地を抜く著作とされる。

久敬の子孫で、三代後には、四人の男兄弟が誕生。三男の敬蔵が、わが家の初代戸主となります。当事務所の初代・健太郎の祖父でもある敬蔵の時代に、現在の久留米市荘島町に移り住んでいます。

弁護士制度発足の翌年に弁護士の道へ

健太郎は、元治元年（一八六四）、久留米市荘島町の生まれです。二男四女で、戸籍上は次男なのですが、長男は若くして亡くなっており、長男役を務めていたようです。

明治一六年（一八八三）、一九歳で東京に出て、明治二一年には、明治法律学校を政府給費生として卒業しました。

明治時代になって、欧米各国と対等な付き合いを行うために欧米社会にあわせた法典や司法制度の施行が重要となり、法律制定のための研究体制が整えられることとなった。明治政府は、明治四年に司法省明法寮（のちに司法省法学校となり、その後、東京大学法学部に

『地方凡例録』（大石法律事務所蔵）

吸収される）を設置、さらに明治一〇年に設立した東京大学のなかに法学部を設置して法律・法学の教育研究をすすめたという記録が残る。

一方で、法典整備に先行して近代的裁判制度が発足。明治九年には、代言人（現在の弁護士）の資格試験制度が成立。法律家（法曹）の育成が急務となり、制度が成立した前後から試験準備のための私塾的な法律学校が各地で開校している。

明治一三年、日本最初の近代法として刑法と治罪法が制定されるとともに「代言人規則」改正により資格試験が厳格化。このような状況のなか、司法省法学校・東大法学部の卒業者や日本に帰国した欧米留学経験者、官職についていた人物らによって、のちに「五大法律学校」と呼ばれることになる私立法律学校が相次いで創立されている。その一つが健太郎の母校となる明治一四年一月創立のフランス法系の明治法律学校（現・明治大学）であった。ちなみに、他の四校とは、東京法学社（現・法政大学）、専修学校（現・専修大学）、東京専門学校（現・早稲田大学）、英吉利法律学校（現・中央大学）である。

初代・大石健太郎と家族（健太郎左下、長男一郎左上、大正４年ごろ）

明治二二年から裁判官として、佐賀始審裁判所（現・佐賀地方裁判所）、長崎始審裁判所平戸治安裁判所（現・長崎地方裁判所平戸支部）、福岡地方裁判所などに勤務するのですが、弁護士法が施行された翌年の明治二七年、裁判官の職を退き、弁護士登録をしています。健太郎が三〇歳のときです。

最初は、裁判官時代の勤務地、また妻シズの実家がある平戸市で開業します。そして六年後に、故郷である久留米市に戻り開業しました。

明治二二年四月、日本で初めて市制が施行されているが、このときの国内三一市のなかの一つが久留米市であった。翌二三年には、のちの国有鉄道（現・JR）に買収される九州鉄道が、博多駅―久留米駅間に路線を開いている。

市制施行時、市域は旧城と城下町部分のみであったとはいえ、久留米市の人口は基準の二万五〇〇〇人を二五〇人下回っていたという。ところが、日清戦争後の軍拡政策のなか、明治三〇年には、市近郊の国分（こくぶ）村（現・久留米市国分町）に福岡市から歩兵第四八連隊が移駐。さらに日露戦争後の明治四〇年、新たに第一八師団司令部が久留米市内に開庁。兵員とその家族などが移住し、久留米市内や周辺地域の人口は急増している。

健太郎が帰郷した明治三三年当時は、久留米市が福岡県南部の中心都市としての機能を充実させ、飛躍を遂げる時期でもあった。その健太郎について、孫の幸二はこう述べている。

「祖父は、体格もよく隻眼で風格は古武士といった面があり、

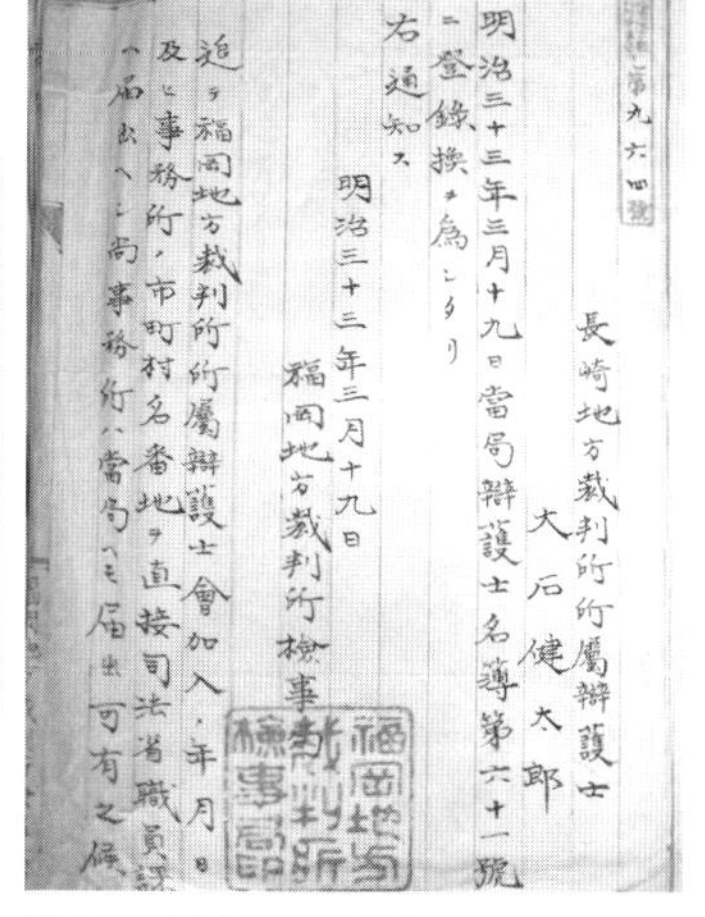

長崎地方裁判所所属辯護士
大石健太郎
明治三十三年三月十九日當局辯護士名簿第六十一號ニ登錄換ヲ為シタリ
右通知ス
明治三十三年三月十九日
福岡地方裁判所檢事
追テ福岡地方裁判所所屬辯護士會加入ノ年月日及ヒ事務所ノ市町村名番地ヲ直接司法省職員課ヘ届出ヘシ尚事務所ハ當局ヘモ届出可有之候
福岡地方裁判所檢事局

健太郎弁護士登録証明書

大石健太郎（大正8年8月）

子供心にも近寄り難い謹厳な雰囲気であった。反面、祖父は、案外体裁を重視して、弁護士は体裁に注意しなければならないと言っていた。その故か、明治時代には、裁判所に馬で通ったもので我が旧家にも馬小屋と別当の部屋が残っていた。そのあとは、人力車で通うのが流行で馬小屋は人力車の車庫に改造され、別当の部屋は車夫の部屋となった。また明治末期には、自転車が今の自動車以上のぜいたく品で玄関に飾ってあった由である」（同―わが家の弁護士百周年―より）

二代目・一郎――検事の道を捨て、弁護士の道へ

祖父の一郎は、私が生まれる前年の昭和三五年（一九六〇）に六五歳で亡くなっています。一郎は明治二八年、健太郎・シズ夫婦の長男として生まれ、旧制第七高等学校（現・鹿児島大学）を卒業後、大正六年（一九一七）に東京大学法学部に入学しています。

一郎は大学卒業後、検事の道を歩みます。私の父の話によれば、当時は東大卒業であれば就職試験のみで、判検事に任官できた時代でもあったようです。

昭和一五年に弁護士登録をしているのですが、これは初代・健太郎が病気になり、事務所を引き継ぐためでした。「全盛時代の先端で静岡の検事正を最後に、未練を残しながら官界を去ったと推察される。祖父（健太郎）より帰郷するよう大分強く懇請されたようで弁護士になることに抵抗があったようです」と、父の幸二は記述しています。

「父（一郎）は、どちらかと言うと貴公子タイプで常識家であり、神経質に感じられた。反面、大正デモクラシーを理解した理論家であり、正義感の強い鋭い感性をもっていたと思われる。

終戦直後、昭和二二年（一九四七）、祖父の代からの顧問会社より倉に荷物を預かったところ、進駐軍より木綿の織物を摘発され、物価統制令違反で逮捕されたことがあった。私はまだ学生で、警察署に父の面会に行ったが、父は留置所ではなく調べ室で『大丈夫だから心配するな』と言い、そのときの父の態度から父の潔白を信じたことが懐かしく思い起こされる。

その後のことと思うが、国会内の隠退蔵物資摘発委員会というのが全国を回って捜査類似の調査をして久留米でもゴム三社等を摘発したときに憲法違反を主張して委員会に乗り込んで論戦を張り撤退させたことがあるが、前記の進駐軍をバックにした超法規の理不尽に強い反発を覚えて立ち向かったと思える。これは父の思い出として、一番強く残っている」（同）

三代目・幸二
――裁判官の道を経て、弁護士の道へ

父の幸二は、大正一四年（一九二五）の生まれです。子どもころは弁護士になろうとは考えていなかったようで、国立の久留米高等専門学校の工業化学科に入学しています。戦時下の昭和一九年（一九四四）

大石法律事務所（明治 33～昭和 40 年ごろ）

春に卒業し、久留米の三大ゴム会社の一つである月星化成（現・株式会社ムーンスター）に就職しています。

しかし、現状に疑問を感じ、一念発起して会社に勤めながら九州大学法学部を目指しました。司法試験には、大学在学中の昭和二五年に合格、卒業後は判事補として釧路、名古屋、北九州などの裁判所に勤務しています。

昭和三四年に弁護士登録して、当事務所に入所。祖父の一郎が病気で亡くなるまでの約一年間、親子で弁護士活動をしています。

「祖父（健太郎）が、政治的には福岡県参事、久留米市会議長、父（一郎）が市会議員をしたことがあるが、私（幸二）は、政治的なことが嫌いな故か、全く弁護士生活一途に暮らしてきた。

社会組織の変革の故か、時代を経ることにより人間が小さくなるのか、どうも祖父の古武士の風格、父の理論的な感性に遠く及ばない不肖さを感じている」（同）

地域の支えあっての弁護士活動 医療訴訟やM＆Aにも取り組む

私は三人兄弟の三番目で、長男が民間会社に就職、次男は税理士の道を歩み始めたことで、父の無言の期待

3代目・幸二（左端）と2代目・一郎（右端、昭和28年ごろ）

を感じつつ、最後の砦、事務所を引き継ぐのは、自分しかいない、という思いから司法試験を目指すことになりました。

平成八年（一九九六）四月の弁護士登録です。登録前の就職活動で東京の法律事務所に就職が決まったのですが、父が体調を崩したことから、急遽、久留米に帰ってくることになりました。父は一年後に亡くなり、翌九年九月、私は事務所を承継しました。その間、父と一緒に法廷に出たのは、父が手術をして一時退院した後の一度きりでした。

弁護士登録して今年で二五年になりますが、就任当初はすでに父が長期入院しており、右も左も分からないまま入所しました。目の前には事件記録の山が……。先輩弁護士やベテラン事務員さんに助けられながらも、仕事の引き継ぎができない状態で、いきなり一人で事務所を背負うこととなり、たいへん苦労したことを覚えています。父が亡くなるや顧問を務める数社から突然契約を切られるなど、事務所に縄張りはないという父の言葉を、身をもって思い知らされましたね。

今思えば、そのころは父と比較されるのがいやで、かなり肩に力が入っていました。そのうちに案件が増えて忙しくなり、目の前の仕事をこなして五年、一〇年が経過しました。四〇代半ばのあるときに、肩の力が抜けて自然体になれて楽になっている自分に気がついたことを今でも覚えています。

ところで、司法改革により弁護士の数は増えています。所属する福岡県弁護士会筑後部会も私が入会した約二五年前は三五人前後だったのですが、今では一〇〇人を超えています。福岡県で言えば、当時の四〇〇人台から、現在では一四〇〇人を超えています。

一　日本の弁護士数は、日本弁護士連合会が設立した昭和二四年（一九四九）当時、五八〇〇人程度であった。その後、年々増加を続け、現在は四万三二四八人（うち女性八三三九人）を数える（二〇二一年二月一日現在）。このうち、東京、大阪、名古屋の三大都市圏弁護士会所属の弁護士が全国の弁護士数の六割を超えるという。

地方都市の弁護士事務所ですから、相続や離婚、交通事故などの一般民事を広く取り扱っています。そのなかでとくに力を入れている分野は、医療関係訴訟です。

久留米市は古くから「医者のまち」と呼ばれ、市内には高度な医療や検査機能を有する多くの病院と診療所などの医療機関があり、人口一〇万人あたりの医師数は全国トップクラス。医療の専門知識を習得するのはたいへんですが、そのような環境のなかで医師の協力を得ながら医療機関側で訴訟代理活動をしています。もちろん、明白に医療機関側のミスがある場合は患者の権利を尊重し早期に和解解決をすることも少なくありません。

一方、医師の裁量のなかで、医師に求められる最善の医療を尽くしたにもかかわらず結果が出ないこともあります。この場合に医師の法的責任が問われることになれば医師は萎縮して積極的治療も行えなくなり、医療の発展を妨げることになります。そのような患者の権利と医療の発展の葛藤のなかで妥当な解決に導くのが弁護士の役割でもあると考えています。

また、この地域でも数多くの中小企業が経済活動をしています。そのなかには承継者を探しているもの、より活動の域を広げるため企業の吸収合併を進めるもの、また経営不振に陥り再生の道を模索するものなどさまざまな案件が存在します。司法試験受験時代に経理学校で専任講師を経験し、会計になじみがあったことも手伝って、M&Aなどの事業再編の案件を担当させていただいております。

県弁護士会には六〇を超える委員会があり、さまざまな公益活動を行っています。私も弁護士会の役員を経験し、八年前には委員長として久留米でも自死問題対策委員会を立ち上げ、精神科病院と連携するなどして自殺防止のための活動を行っています。このように、これまで地域の方々に支えられながら弁護士活動ができたことに感謝し、これからも少しでも地域のためになれるよう努力していければと思っています。

ところで、一〇年前までは四代続く弁護士事務所は日本国内で当事務所だけと聞いておりました。しかし、その後、長野市と福岡市に四代目の弁護士が登録しています。

四代続いていますが、弁護士の前身は、初代が裁判官、二代目が検察官、三代目は裁判官、そして私は最初から弁護士です。「同一の職場でそれぞれ先代と比較されるのがいやで故意に職種を変えたのか、父には聞いていないので判らないが、私自身ではそんな気持ちもあった」（同）と、父の幸二はその胸の内を述べています。

私には息子が一人います。彼は現在、早稲田大学の法科大学院に通っています。もし司法試験に合格すれば、五代にわたる弁護士の出身大学がそれぞれ異なる大学というのも、また珍しいことでしょうね。

（「西日本文化」二〇一一年四月発行）

◆

〈主な参考資料〉

「福岡県弁護士会　会内広報誌『月報』」（福岡県弁護士会発行・平成五年）
『地方凡例録――上巻』（大石久敬原著、大石信敬補訂、大石慎三郎校訂）
『軍都久留米――文・小澤太郎』（西日本文化四八四号・二〇一七年一〇月号）
『天に星　地に花』（帚木蓬生著、集英社）
『上毛及び上毛人』（昭和四年一一月号　第一五一号）

北川天明堂

創業二百余年のお菓子処
川尻の六菓匠として地域に貢献

飴屋で天明年間に創業

創業は、天明年間（一七八一〜八九）にまでさかのぼります。初代の青木泰平は士族であったそうですが、現在の熊本県玉名（たまな）市高瀬（たかせ）で、「青木屋」という屋号で飴屋を始めています。

二代目・寿平の時代に姓を「北川」に改めました。この二代目は、もち米を釜で炊いたあと、水、麦芽を入れて水飴にし、それを引いて白い飴にした「高瀬飴」を売り出したと伝えられています。高瀬飴は、妊産婦の人が食べると、母乳が出ると玉名地方で言い伝えられ、現在も玉名の特産品として、出産祝いなどで喜ばれているようです。

明治に入り、明治二年（一八六九）、三代目・次平が現在の熊本市川尻（かわしり）地区に移って、米飴づくりを行います。卸と小

◎語り人
代表社員　北川広美さん
（きたがわ・ひろみ）
◎プロフィール
昭和54年（1979）熊本市生まれ。高校卒業後、4年ほど家業の手伝いをしたのち、カナダに語学留学。日本国内での旅行添乗員を経て、メキシコに渡り、日本人旅行者向けのガイドに従事する。平成23年（2011）に帰国。令和元年（2019）10月、代表社員に就任する。趣味はギターの弾き語り。

企業DATA
社　名：合名会社北川天明堂
創業年：天明年間（1781-89）
住　所：熊本県熊本市南区川尻1-3-39-2
電　話：096-357-9225（川尻本店）

売りで商を営むとともに、蕎麦屋も開店したと伝えられています。

熊本市中心部から南に約八キロ。鹿児島本線や国道三号、川尻市道で結ばれる川尻地区は、鎌倉時代から緑川や加勢川河口の港町（外港）として栄えた歴史が残る。中世には、中国との海外貿易が行われ、加藤清正によって再整備された江戸時代以降は熊本藩の物流拠点として、また「御船手」と呼ばれた藩の水軍基地として繁栄。薩摩街道の宿場町でもあった。かつては熊本市中心部から川尻まで市電が走っていたというが、昭和四〇年（一九六五）に廃止されている。

今でも古い町並みとともに、石づくり船着場跡や藩の米蔵が残り、平成二二年（二〇一〇）八月には、船着場と蔵は国の史跡に認可されている。

さらに、室町時代末期からの歴史を誇る刃物製造は「川尻刃物」と呼ばれ、軟鋼に硬い鋼をはさんで手打ちで鍛え上げる「割り込み鍛造」という技法を頑固に守り続ける。切れ味が良く、耐久性があり、重厚な美をそなえていることに特徴がある。刃物製造のほか、桶づくりや、染物などの伝統産業は現在も継承されている。

「その昔、〝川尻にないものはない〟といわれたように、この地域には数多くの商店が並んでいたそうです。八百屋

北川製菓店の店舗前で（昭和３年、天皇即位御大典全国祝賀会仮装行列に参加したときのもの）

さんや魚屋さんなどはスーパーや量販店が開店するごとに抜けていきました。歯抜けみたいな状態になった商店街のなかで残ったのが、刃物屋さんであり、染物屋さんであり、そして和菓子屋だったということですね」（北川広美さん）

戦後は乾物や果物を仕入れしのぐ

四代目・栄次郎は焼き菓子のほか、米などからつくったデンプン質の粉に水飴や砂糖を混ぜて着色し、型に押して固めて乾燥させた干菓子・落雁づくりを行い、卸と小売りの「北川製菓店」として繁栄しました。五代目・初次郎は、栄次郎から米飴づくりを学んだあと、川尻地区で唯一の生菓子店で修業し、和菓子づくりを始めています。明治三〇年代には、「牛車で六〇の田舎店舗に菓子を卸していた」という逸話も残っています。

昭和三年（一九二八）には、天明年間の創業であるところから、屋号として「天明堂」を名乗るようになりました。その後、第二次世界大戦中は、六代目・初喜が軍隊に召集されたことなどもあり、事業規模の縮小を余儀なくされます。

戦後、軍隊から帰った初喜は、乾物や果物を仕入れ、それを販売して生計を立てた時期もあったようですが、米飴づくりを再起し、母乳の栄養補助食品として販売しました。昭和二四年、砂糖禁解除によって和洋菓子づ

店内の様子（昭和 31 年ごろ）

くりを再開し、専門店を開店。二七年には、「合名会社北川天明堂」を設立しました。

祖父である六代目は和菓子だけでなく、バタークリームを使って洋菓子づくりを始めています。父の和喜は、東京の製菓専門学校で洋菓子づくりを学んでいます。ですから、洋菓子と和菓子の両方をつくって販売するのが、当店の特徴となっています。

昭和六一年には、七代目を父和喜が引き継ぎ、平成八年（一九九六）、現在地・熊本市南区川尻一丁目に本店を移して、新装開店しました。

仕事先のにメキシコから帰国

私は、東日本大震災が起こった同じ年の平成二三年（二〇一一）春にメキシコから帰国しました。この二年前、豚由来のインフルエンザウイルスが人に感染して新型インフルエンザウイルスとなって世界的な流行となるのですが、メキシコでも大流行しました。

当時、日本人旅行者を相手にガイドの仕事をやっていたのですが、日本からのお客さんが止まってしまいました。観光業は忙しいときはひっきりなしです。しかし、旅行者が来なくなったら仕事もなくなります。メキシコでこのまま観光業界で働いていくことに不安が膨らんだときに、実家がお菓子屋を営んでいることを思い出しました。そして、日本の洋菓子でも和菓子でも、持っていったら、おいしい菓子が

「天明堂」の営業車（昭和 41 年ごろ）

少ないメキシコで商売ができるのではないかと考えたのです。

菓子づくりの技術を学ぶために、仕事を辞めて、結婚もしていたのでメキシコ人の主人を伴って帰国しました。主人はグラフィックデザイナーだったので、インターネットの環境があれば、仕事は続けられるということもありました。

帰国後は、近隣で洋菓子とチョコレートの店を営んでいる叔父がケーキ教室を開講しているので、アシスタントという形で一年お菓子づくりの勉強をしました。叔父の店と実家を行き来しているうちに、「天明堂」は見た目の売り上げは上がっているのに、資金がうまくまわっていないことに気づくことになりました。

父と娘、二人三脚で

父は、菓子づくりはもちろんですが、営業や配達もこなし、また母親も店頭に立って販売をし、経理も行っていました。私の子どものころの記憶には、休みなしで働いている両親の姿しかありません。当店には、マネージメントする本来の意味での〝経営者〟が不在だったのです。

当初は一年でメキシコに帰る予定でした。財務面で厳しいこの現状を何とかしてあげたいという気持ちは強くなるのですが、私には経営のノウハウはありません。そこで、法人会や商工会議所が主催するセミナーなどに積極的に参加して、経営の勉強をするようにしました。

あるとき、東京の経営コンサルタントの先生の話を聞く機会があり、その先生に店の現状を相談したところ、「決算書を見せてください」と言われました。見ていただくと、そこそこ売り上げは計上しているにも関わらず、財務面で厳しい店の現状が数字に現れていたのです。私にとっては目からウロコが落ちるという気持ちでした。

父がやることは売り上げを上げることですが、私がやるべきことは経費を削減することという役割の分担がはっきりしました。でも、父とは意見がぶつかり合いました。経費削減はネガティブなやりかただと考える父は、「ネガティブなことを言わずに、どうやったら売り上げを伸ばせるのかを考えなさい」という意見でした。コンサルタントの先生に再度相談すると、「経営者の意識改革なしでは始まらない」と言われ、父を説得して一緒に上京したこともありました。

そして、三年前の令和元年（二〇一九）一〇月に私は代表社員となり、八代目を継承することになりました。

和菓子づくりの体験ツアー

祖父の時代から、川尻のお菓子屋さん同士は仲良く付き合っていたようで、平成二年（一九九〇）、「和菓子で町おこしを！」と地元の和菓子店六軒（「天明堂」「菓舗いしはら」「立山菓舗」「菓舗梅園」「菓舗かずさや」「岩本菓舗」）が集まって「川尻六菓匠（ろっかしょう）」を結成しました。そして地域の小・中学生たちに向けた和菓子の手づくり体験教室を開くなどの活動を始めました。一緒に町おこしの活動を始めたのは、この地域に「くまもと工芸会館」を開館することになったのがきっかけの一つだったようです。

その後、郷土史家の研究で「川尻は中国との貿易が盛んだったことから、中国の古い文献に〝賑わっている街・開懐世利（かわせり）〟と書かれている」ことが分かり、「懐を開いて、世に利をなす」という意味もある、「開懐世利六菓匠」の名前で活動を続けることになりました。

平成三年、熊本市立の文化施設「くまもと工芸会館」は開館している。熊本県内の伝統工芸品が展示され、工芸の実演と体験に特化した施設でもあり、毎日さまざまな工芸の実演や体験教室が開かれている。
平成二六年、「開懐世利六菓匠」は、和菓子を通しての地域に根差した町おこし活動が評価を受け、「サントリー地域文化賞」を受賞している。

「楽在菓中」。当店のモットーは、この四文字が表現しています。おいしく食べていただくことに留まらず、見たり体験したりを発信していくことで、お菓子をもっと楽しんでいただきたいという想いを込めた言葉です。

食を通して貢献する仕事

最近、依頼が多いのは、和菓子づくりの体験です。「自分でつくったものが食べられる」というのが好評で、JTBのツアーにも組み込んでもらい、二人から八人程度の小人数でスタートしています。教えるのは、父です。コロナが収束して海外からの旅行者が訪れるようになったら、より人気のツアーになることを期待しています。

北川天明堂本店

これからも菓子店はなくならないと思っているのですが、スーパーやコンビニにもお菓子の売り場が設けられています。ライバルは家業で営む菓子専門店の同業者だけではない時代です。これからは競争するところはきちんと見据えていかなければ、飲み込まれてしまうだろうという危惧があります。そのためにも、当店の強みをさらに深掘りして、それを伸ばしていくことが必要だと考えています。

次の代は私の一人娘を含めて親戚中の子どもたちのなかで、「自分が跡を継ぐ」と言って手を挙げた人が継いでくれれば、という気持ちです。飴屋に始まった当店です。この二〇〇年余りの間に、紆余曲折はあったかも知れませんが、食べ物に関わる商売をしてきたことだけは間違いのないことです。これからも、食べ物を通してお客さまに貢献できる仕事を私自身は貫いていきたいですし、当店の次の後継者にも貫いて欲しいと思っていますね。

（「西日本文化」二〇二一年七月発行）

福岡魚市場

明治二五年の創業以来魚が新鮮でうまいまち・福岡支える

◎語り人
社長　川端　淳さん
（かわばた・じゅん）
◎プロフィール
昭和34年（1959）3月、山口県生まれ。西南学院大学商学部を卒業後、福岡魚市場入社。事業本部長などを経て、平成25年（2013）6月、社長に就任。現在、一般社団法人全国水産卸協会副会長、一般社団法人福岡市中央卸売市場鮮魚市場協会会長、福岡商工会議所食料・水産部会部会長などの要職を務める。趣味は、映画鑑賞、ゴルフ。

企業DATA
社　名：株式会社福岡魚市場
創業年：明治25年（1892）
住　所：福岡県福岡市中央区長浜3-11-3-301
電　話：092-711-6000

二つの機能を備えた鮮魚市場

明治二五年（一八九二）創立の博多魚市株式会社を継承する福岡市の「中央卸売市場」がこの長浜の地に開場したのは、昭和三〇年（一九五五）のことです。昭和四三年に青果部門は移転し、博多区那珂（なか）で青果市場が開場したことで、現在は鮮魚専門の市場となり、長浜鮮魚市場の通称でも呼ばれています。

福岡市中央卸売市場の開場に伴い、「鮮魚部卸売人」として福岡県下三二市場が大同団結して昭和二二年に設立した福岡県魚市場株式会社の福岡支店が入場している。この福岡支店は、昭和三八年二月、福岡県魚市場株式会社から分離独立し、新たに株式会社福岡魚市場として設立、同年四月から、農林大臣の卸売業務許可を受けて、営業を始めた。卸売業者は、生産者や出荷者から販売を委託され、セリ売りまたは入札などの方法によって仲卸業者や売買参加者に販売する機能をもつ。需要に見合う供給を確保するため、特定の物品・特定の場合に買付集荷をすることや価格の安定のための相対販売も認められている。

「令和二年（二〇二〇）六月、中央卸売市場に関する法律が改正され、監督がそれまでの農林水産省からそれぞれの開設者、当市場だと福岡市に替わりました。また〝商物一致の原則〟があり、生産者である漁業者が市場に持ち込んだ魚類は、セリにかけて仲卸業者の手に渡っていくのが原則でしたが、これも緩和されました。卸売業者や仲卸売業者が、卸売市場と隣接して倉庫や配送施設を展開し、積極的に物流活動を営めることも可能になったのです」（川端社長）

市場に持ち込む生産者や問屋と買受の仲卸業者や魚屋の間に不公平が生じないようするための法律であるが、大正時代に発令されたものであり、時代に即して内容の一部が改正されたのである。

当市場の特徴としては、「生産地市場」と「消費地市場」という二つの機能を備えていることです。両面の機能を備えた市場は、全国的にみても珍しいことです。

開設当時の福岡中央卸売市場（昭和 30 年ごろ）

当市場は、国が水産業の振興のためにはとくに重要であるとして政令で指定した特定第三種漁港(1)である「博多漁港」を擁した生産地市場です。東シナ海、黄海、五島、対馬、有明海など、西日本有数の好漁場をエリアとし、年間約三〇〇種類もの豊富な天然魚を水揚げ、福岡都市圏をはじめ関東・関西など全国各地へと供給しています。ですから、福岡市民の皆さんは、漁船が直接持ち込んだ新鮮な魚類を食べることができますし、価格的にも有利です。恵まれた食生活の環境にあると思います。

一方、全国有数の消費地市場としては、日本国内もちろんですが、世界各国から鮮魚、冷凍加工品が運び込まれます。漁場からは船で、産地からは昼夜をかけてのトラック便や航空便で搬送しているのですが、その種類は数百種にも及んでいます。

移転前の福岡魚市場の本社正面（昭和30年以前）

輸出増で市場価格も変動

野菜や果物などの青果物は栽培し、家畜は飼育して食肉になりますから、人の手が加えられています。唯一の天然物といえば、水産品です。たしかに養殖の魚類も増えてはいますが、当社が取り扱う魚類の半分以上は天然物です。青果や食肉は、消費者がのぞむ規格の品をつくることができます。魚の場合は、天然物ですから、今日あるものが明日もあるとは限らない。同じ品質であるとは限りませんし、サイズもバラバラです。それぞれのサイズを、欲しい業界にセリで適切に分けていかなければいけません。そのためにも、セリで価格形成をしていくことが必要になるのです。

全国的に沿岸漁業が発達したのは、江戸時代に入ってからだと伝わる。同時に、各地に魚問屋が誕生し、魚介類の流通制度もこの時代に確立している。

藩政時代の福岡では、西浦のタイ釣、伊崎のサワラ漁、あるいは博多湾内のスズキ漁など釣り漁法のほか、網漁法でのイワシ、タイ地引網などが盛んに行われたという。

福岡での魚市場の起源は、藩主が幕末時代「投受」と称し、五軒の魚問屋に筑前一円の営業権を与えたのが始まりとされ、その後、問屋の数は増え「下鰯町問屋」（現・博多区須崎町、対馬小路周辺）と「古渓町問屋」（現・博多区奈良屋町、古門戸町周辺）という二つの魚問屋街が競合することになった。

明治維新後も二つの魚問屋が競合する時代は続くが、明治二四年（一八九一）、福岡県議会は公益性の観点から魚市場取締規則を設定、これを受けて翌二五年九月には、「福岡魚市場」の前身となる「博多魚市株式会社」が設立され対馬小路に市場を開業した。多数の問屋を傘下にした単一会社であり、株式会社組織による我が国初の公設の魚市場の誕生であった。

地浦物小船の入港風景（昭和 42 年）

水産品は鮮度の劣化が激しく、扱いが難しいうえに、品質も旬によって違います。タイやブリの養殖物や冷凍マグロなどは年間を通して市場に出回りますが、全国的にみても現在流通しているものの七割は天然物だと言われています。当市場でも取り扱う魚類の七割強が、天然物です。

国内では魚離れが言われていますが、中国、韓国、台湾といった東アジアの国々は所得があがり、「天然物の魚を食べたい」というニーズは高まっています。コロナ禍で居酒屋やお寿司屋、料亭などが大打撃を受けていることもあって、それらの業種を販売ルートにしている仲卸業者が苦しい状態になっているなかで、輸出を主にしている仲卸業者の売り上げの落ち込みは少ないようです。

福岡の場合は、海に面し、空港も近く、ロケーションとしては、有利です。輸出で価格が形成される傾向は以前からありましたが、近年は顕著になっています。福岡だけでなく、東京・豊洲も同様です。

輸出の魚に関して付け加えると、頭からしっぽまで、何ら手を加えない状態のものが求められます。加工の手間は必要ないですし、輸出することで、国内消費の一〇倍近い値段が付くこともあり、生産者である漁師の方々は潤っておられます。当社は年間で約三四八億円の取扱売上高を計上しているのですが、約一割は輸出によるものです。以前は魚を獲る漁師も多く、漁獲量も高く、それをさばくことが市場の主業務でした。ですが、今は限られた水産資源のなか、価格を維持し、漁業生産者である漁師たちの手取りをどう上げていくのか。市場の役割はその点が重要となっていますから、当社もマーケティング中心にした組織に変更しつつあります。

立地を活かした市場へ

水温によって、魚群は大きく変わります。近年の地球温暖化によって、それぞれの海で獲れる魚の種類も変わってきています。九州一円では、南方の魚が増えつつあります。漁業は潮の流れなどで獲る魚を考えますが、漁師の長年の勘に頼る部分が大きいものです。

ですが、獲れる魚が変わってきているので、その勘が使えなくなっている。直面している漁師の高齢化に加えて、海水温の上昇問題というのは、これからの漁業にとって脅威だと言えます。

鮮魚市場のある長浜は、福岡の都心部・天神に近い場所に立地する。その恵まれたロケーションを活かし、「見せる市場」としての位置づけをしていくことが求められている。場内の飲食店街では、新鮮で豊富な魚料理メニューを提供する店も多い。

「もともとこれらの店は場内で働く人たちの食事場所として開設されたもので、一般市民に向けたものではありませんでした。これらの問題も含めて福岡市と当社も一緒になって検討しています」（川端社長）

当市場で水揚げされる水産物の特徴といえば、イカであり、サバなどの青物です。以前は〝サバ市場〟でもあったのですが、近年はサバが少なくなりました。冬場、済州島周辺で獲れるサバは脂がのっていておいしいと評判でした。ですが、日韓の漁業水域権の問題もあり日本の漁船

福岡魚市場でのセリ前確認

福岡魚市場でのセリのようす

はこの島に近づけなくなっています。ですから、少ない量が輸入品として水揚げがされているのが実情です。世界的にみると、水産業は価格も上がり、需要も上がり、成長産業です。唯一日本だけが衰退産業の扱いとなっています。全世界のなかで六位の水域を持った日本ですが、残念ながら活かせていないと思っています。

「食べる」ということは、生きていくうえでの基本であり、人間として最大の欲望です。しかし、時代とともに食生活への考えかたやそのカタチも変わってきました。ただ単に食欲を満たすという食べかたから、さまざまな味を楽しみながら心を満たすという食べかたへと……。これは、まさに食文化であり、さらに私たちは、多様化する時代や生活、消費感性のなかでまだまだ新しい食文化が広がっていく可能性を感じています。

豊かな海の幸、四季折々の旬の魚を、いかに高い鮮度を保ち、いかに味わい深く、すみやかに消費者に届けるか。これを常に考えています。新しい消費者ニーズに応えるために、これからも「挑戦」と「前進」を続けていきます。

（「西日本文化」二〇二一年一〇月発行）

◆

〈注〉

（1）国内には約二九〇〇の漁港があるが、そのうち「特三」は一三港に過ぎない。だが、漁獲高は全体の三〇％以上を占める

〈主な参考資料〉

『株式会社福岡魚市場四〇年史』（平成一五年一〇月発行）

光安青霞園茶舗

創業から三〇〇年余り 博多の「お茶文化」を支える

博多六町筋の「官内町」で創業

八代将軍・徳川吉宗が就任した享保元年（一七一六）の創業ですから、創業からは三〇〇年余りになります。初代光安壮兵衛は、創業時は京都からお茶を仕入れて販売する問屋業をこの博多の地で始めたようです。昭和二〇年（一九四五）六月の福岡大空襲で一帯は焼け野原となり、当店も古い資料類を焼失してしまいました。「茶問屋・光安青霞園」の屋号での開業だったことは間違いありませんが、初代・壮兵衛に関してその生誕地など詳しいことは、今となっては分からないのが実情です。

創業の地は、現在本店を置く場所です。博多のお茶文化は、建徳二年（一三七一）大宰大弐・大内義隆が九州探題として

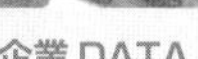

◎語り人
営業部長　光安伸之さん
（みつやす・のぶゆき）
◎プロフィール
昭和 46 年（1971）3 月、福岡市生まれ。福岡県内の大学を卒業後、渡米し 1 年余り遊学。帰国後は、水産関連会社勤務を経て、静岡県内のお茶問屋で 1 年ほど修行のあと帰福し、光安青霞園茶舗に入社する。「父康浩が 12 代目で、私は 13 代目になります」

企業 DATA
社　名：株式会社光安青霞園茶舗
創業年：享保元年（1716）
住　所：福岡県福岡市博多区中呉服町 8-1
（博多官内本店）
電　話：092-291-0365

殷盛を極めたころに花開いたと伝わりますが、本店の場所は当時の大内家の館の一角にあたります。

また豊臣秀吉の「太閤町割り」によって、博多のまちは都市整備が行われた歴史が残っています。本店のあるこの旧市街エリア「官内町」（現・福岡市博多区中呉服町）は、博多を横切る「博多六町筋」の一つで、御笠川に架かる「石堂橋」を渡って博多に入る最初のまちとして大店が軒をならべて栄えたところです。江戸時代、石堂橋のそばには、関所が置かれていたと聞いています。

「官内町」のいわれについては、「いにしえ大宰府の官人、此処に来りて守衛しければ其の館の有し所を後世官内と名づけしなるべし」と『石城志』に記されています。

石堂橋は江戸時代「博多六町筋」と呼ばれた町筋の東端で、参勤交代のときには福岡藩主や唐津藩主も通っていました。

現在では毎年七月九日夕刻、博多祇園山笠のお潮井取りのとき、七つの流れが、この橋の上に集合して隊列を組んでスタートする場所であり、博多の人々にとっては特別の橋なのです。

今、石堂橋の擬宝珠の八個は、各流れの名前を入れた山笠の提灯の形になっていますし、手すりの内側は山笠の杉壁模様で、街灯は高張り提灯、四隅の柱には「石堂丸」、「濡衣塚」、「閻魔様」、「五代力様」、周辺のお寺の伝説等のレリーフが取り付けられています。

（『博多の魅力』博多ガイドの会――「石堂橋秘話？」より）

お茶問屋から小売へ

当店は長年、京都から荒茶（茶葉）を買って仕上げをした商品や、仕上げ茶を集め小売店に卸すという問屋業を営んできました。自分のところでお茶を揃えて売るという、小売に特化した商売を行うようになったのは、昭和の時代に入ってからです。

現在、北九州市や福岡市にあるお茶屋は、三代目、四代目の店が多い。これは昭和以降、福岡県内の八女地方の茶栽培農家では、長男が家業を受け継ぎ、一方で販売のために大消費地に店を出す動きがあり、次男、三男がその店を切り盛りしたということに由来しているようです。また、昭和四〇年代や五〇年代に開業しているお茶屋は、脱サラして始められたお店が多いですね。

日本国内での茶葉の生産は、建久二年（一一九一）、中国の宋に学んだ栄西(ようさい)禅師が、現在の福岡・佐賀県境の脊振(せふり)山に茶種を播き、博多で聖福寺(しょうふくじ)を建立し、その境内にも茶を植えたことに始まるとされている。その後、この茶の種が、栄西禅師ゆかりの山城宇治（京都府）や駿河（静岡県）などで広がり、それらの地は現在、主要な国内の茶産地となっている。

八女地方での茶の発祥は、明から帰国した栄林周瑞(えいりんしゅうずい)禅師が応永三〇年（一四二三）、現在の八女市黒木(くろぎ)町に霊巌寺(れいがんじ)を建立するとともに、明式（釜炒り）茶の栽培・喫茶法を地元民に伝えたことに始まるという。

歴史が流れ、明治に入ると、当時イギリスで急激に輸入量の増加していた緑茶とともに紅茶も明治政府の外貨獲得政策で注目された。八女地方でも欧州や米国、ロシア向けに紅茶の生産をもくろんだ記録が残る。だが、大正時代になると、インド・アッサム地方やセイロン島の大規模な紅茶生産に押され日本茶の輸出は衰退した。そのため、八女地方でも国内市場向けに生産を行うようになったという。

ちなみに、現在「八女茶」のブランド名で呼ばれるのは、八女市内を中心に、周辺地域の筑後市、八女郡広川(ひろかわ)

町、うきは市、朝倉市で栽培されている緑茶である。

当店は創業以来、主に京都の「宇治茶」を仕入れていました。昭和の初めごろからは、「八女茶」の取り扱いも始めています。八女地方でもおいしいお茶がつくられるようなったからです。現在は、取り扱い商品のほとんどが「八女茶」になっています。

太平洋戦争後、世の中が落ち着いてくると、しだいに流通がよくなり、お茶も産地から直接消費地に物が届くようになりました。消費地での問屋業がやりづらくなり、それで当店でも徐々に小売の比率を高くしていくことになります。

昭和四〇年（一九六五）ごろになると、福岡市内にも数多くのスーパーマーケットが開店し始めたので、百貨店だけでなく、それらの量販店にもお茶を卸していました。しかし、スーパーマーケットの相次ぐ吸収合併などで問屋業は窮地に立たされることになります。ですから、自店で小売を強化していくしかなかったという面もあったと思います。

改築前の光安清霞園茶舗（昭和 42 年）

八女に通い詰め茶葉を見極める

話は戻りますが、八女茶の仕入れを始めた当初は、当店でも農家と契約し、農家とともにこだわりぬいた茶葉を研究していたようです。しかし、同じ農家の同じ茶畑であっても、その年々の気象条件などによって品質が違います。契約農家や自家農園を保有すると、納得できない茶葉でも仕入れて販売せざるを得なくなります。それでは、自信をもってお勧めできるおいしいお茶を、お客さまにお届けすることができません。

そのような考えから、当店では現在、契約農家や自社農園は保有していません。ですが、八女でも星野や上陽、黒木などその地域地域で入札が行われていたので、出向いていました。昭和四〇年代に入ると八女のＪＡ（農協）が主体となって地域全体のお茶を集めて入札を始めたことで、一番茶（四月中旬）、二番茶（六月中旬）、三番茶（七月～八月）、四番茶（九月）と入札が開催される際には立ち会っています。

入札のたびに出向くことは、手間暇のかかることではありますが、その時々のお茶の出来を私自身の五感を通して感じ取ることができます。選りすぐりの荒茶のみを仕入れ、一種類ごとに丁寧に茎や粉を分けて仕上げ、火入れをする。そのあと、合組（ブレンド）したうえで、お届けすることに私はこだわっています。

ともあれ、当店の理念は、産地にこだわることではなく、お客さまに最もおいしいと思ってもらえるお茶をお届けすることです。そこで、現在は、八女茶を中心に、他地方でも良いお茶があれば、積極的に仕入れるようにしています。

農水省がまとめた「お茶の生産統計」によると、二〇二〇年度の荒茶生産量都道府県別トップ一〇は、一位が静岡県で、二位は鹿児島県、三位三重県、四位宮崎県、五位京都府と続き、六位に福岡県が入り、八位佐賀

県、九位熊本県——である。

「茶畑といえば、段々畑に広がり、機械化が遅れているイメージもあると思いますが、鹿児島の産地は少し違います。鹿児島県内では戦後から本格的な茶栽培がスタートしており、お茶産地としては後発の部類ですが、恵まれた温暖な気候と広大な平地を利用して、農地の大規模化・機械化を積極的に取り入れることで一大産地へと発展しています」（光安さん）。

お茶と言えば、結婚に際して、男性側から「結納茶」を贈る習慣があります。女性側が婿養子を迎えるときは女性側から「結納茶」を贈ります。結婚は、家と家を結びつけることでした。しかし今は個人と個人の結びつきという考えが強くなってきているので、「結納」をする家は確実に減っています。当店でも多い時期には週末に五、六件の注文がありましたが、今は月に一件あるかないかですね。

お茶の木は、日陰でも育ちます。嫁入りしたらどんな逆境にあっても、お茶の木のように耐えてくじけないでほしいという願いが込められています。また、お茶は染物の媒体として、最良の材料です。お嫁さんも婚家の家風によく馴染んでほしいという意味合いもあるようです。

さらに、お茶の木は、若いときに一度だけ移植しなければ、良質のお茶にはなりません。つまり、一度だけ他家に移ることで生涯の幸福を築くのだという縁起にもなります。加えて、移すと土と根が一つに固まって、それが良いお茶をつくる原因ともなるのですから、夫婦一体で良い家庭をつくってほしいという願いにもつながります。

またなかなか枯れないお茶の木は、健康で長生きする、長寿の縁起にもなります。このように、さまざまな願いが託されているお茶は、結納に欠かせない重要な品なのですね。

茶葉の合組の魅力

お茶の木は、ツバキ科の多年生植物です。「緑茶」も「紅茶」も「ウーロン茶」も同じお茶の木の新芽を摘んで加工したものですが、その加工方法などによってまったく別の種類の飲みものとなります。緑茶は茶畑で新芽を摘んだあと、すぐ「蒸す」工程に入ります。すぐに蒸さないと、茶葉に含まれるカテキンが酸化することによって発酵が進み、「ウーロン茶」になり、さらに発酵すると「紅茶」になる。蒸すことで、発酵は止まり、緑茶となるのです。

ですから、茶農家は新芽が育ったからといって、茶畑のすべての茶葉を一気に摘むというわけにはいきません。その日、蒸し作業ができる分だけ、摘採するのですが、摘まなかった新芽はどんどん成長します。同じ茶畑であっても、摘採日によって茶葉の品質が変わってしまいます。さらに、品質は、生産地の標高やお茶の木の樹齢、あるいは摘採時の天候などによっても大きく異なります。この異なる品質を整え、商品にすることに、私どもお茶屋の力量が試されるのです。

「店の奥の棚に、うっすらとほこりをかぶった茶壺が並んでいる。明治二四年（一八九一）門司港―博多間に汽車が開通するまでは、京都から船で博多港までお茶を運んだ。壺のふたは渋紙に糊をたっぷりつけて密封したから、しけても大丈夫。壺はその後、時代とともに木箱、ブリキ鑵、紙箱、ビニール袋と姿を変えた。ビニール時代の壮兵衛さん（編集部注・一一代目）だが、お茶を見極める目と鼻と舌は先代たちに負けない。若いころは、シーズンになると舌がはれて、食べ物が口に入らなくなるまで味見をしてきたえた。香り、つや、色、味の四つがお茶の命だ。」（『博多の心』朝日新聞福岡総局編）

茶農家で摘採された一つの茶葉で、この四つすべてがすばらしいことはめったにないという。そこで、ブレンドする「合組」の技術によって、お茶の魅力を最大限に引き出す必要がある。例えば「香りと色が良いお茶」と「味が良いお茶」を組み合わせるというように、である。

お茶にはさまざまな品種がありますが、品種によってその特徴が異なります。これら特徴のある品種のお茶を合組することで、日々安定した当店の味のお茶をお届けすることができるというわけです。お茶は生きものですから、決まったレシピなどはありません。先代には、「目、鼻、口のすべてを駆使して、お茶を見抜け」を教わりましたが、私は幼少のころから飲んでいたお茶の味が、当店の伝統の味なのだと考えています。

博多官内本店

ひと手間かけたお茶の味を大切に

平成二一年（二〇〇九）一一月、本店を建て替えた際には、店内に日本茶喫茶「茶愉 青霞」をオープンさせました。お茶には「煎茶」「玉露」「かぶせ茶」などさまざまな種類がありますが、その違いが分からないお客さまも多い。そのため味を試飲できるスペースとお茶の淹（い）れかたを教えられる場所をつくろうと思ったのです。

そうしましたら、これまでの常連のお客さまだけではなく、「おいしい緑茶が飲める場所を探していた」という方々だけでなく、喫茶で出しているお茶菓子を求めて新しいお客さまの来店も増えました。

緑茶には、カフェインやポリフェノールなどの生理活性物質が含まれており、これらの物質が脂肪細胞を分解して循環系に排出させることで、体重減少につながり、また、コレステロール値や中性脂肪値を低下させ、心臓発作の可能性を低下させるという。

さらに、緑茶を定期的に摂取することで、虫歯予防、唾液の酸性度の低下、歯垢の発生の抑制、口腔内細菌による歯のエナメル質を溶かす酸の生成の抑制などの効果も得られこともあり、近年の世界の緑茶市場は緩やかな成長を示している。

国内の緑茶飲料市場もまた、健康意識の高まりなどもあって、令和元年（二〇一九）度には四四五〇億円規模にまで拡大した。ペットボトル飲料「お～いお茶」ブランドは、平成二九年に累計販売本数が三〇〇億本を突破し、令和元・二年は販売実績世界一としてギネス世界記録に認定されている。

時代の変化とともに、コーヒーなどの嗜好品が日常生活でよく飲まれています。お茶もまた、ペットボトル飲料が飲まれる機会が多くなりました。ペットボトルのお茶は便利ですが、ひと手間かけて

博多官内本店の喫茶スペース

急須で淹れたお茶の味には及びません。私はまったく別の飲みものだと考えています。

急須で淹れたお茶には、味もさることながら、心もホッとするリラックス効果があると言われています。友人、知人、家族、そんな大切な方々と過ごすほっとくつろぐ。そんなときには、ひと手間かけて急須で淹れた伝統のお茶を飲み、〝人心地(ひとごこち)〟つくことで、人の輪が紡(つむ)がれていく。そう、私は信じています。

◆

〈主な参考資料〉

株式会社グローバルインフォメーションの市場調査レポート「緑茶の世界市場：業界動向、市場シェア・規模・成長率・機会および予測（二〇二一年～二〇二六年）」

「無糖茶飲料、なぜ日本に浸透？ 市場ほぼゼロから四四五〇億円規模になるまで／伊藤園」（食品産業新聞 二〇二〇年一一月一一日）

『石城志』（津田元貫著、筑紫史談会発行）

『博多の心』朝日新聞福岡総局編・葦書房刊

『博多の魅力』博多ガイドの会——「石堂橋秘話？」（https://hakatanomiryoku.com/column/石堂橋秘話？）

（「西日本文化」二〇二一年一月発行）

吉　宗

長崎の地に育まれた伝統の味
一五〇年余りにわたり受け継ぐ

屋台から始まった茶碗蒸し専門店

茶碗蒸し、蒸寿し専門店として慶応二年（一八六六）に創業しました。私で七代目になります。

坂本龍馬もたびたび訪れたといわれるグラバー邸の完成は、この三年前の文久三年（一八六三）で、創業当時の長崎は異文化が花開く国際港でした。唐人屋敷が設けられ、唐人料理から卓袱（しっぽく）料理が生まれています。その献立の一つに具材と溶き卵に薄味の出し汁を合わせて蒸したものがあったという話も残っているようですが、当店では、茶碗蒸しは寛永年間（一六二四～四四）、京都・大阪ではじまり、しだいに江戸、そして長崎にまで広まったという説を採用しています。

◎語り人
代表取締役社長
吉田宗由さん
（よしだ・むねよし）
◎プロフィール
昭和55年（1980）10月、長崎市生まれ。拓殖大学商学部貿易学科卒。吉宗入社後、2年間は調理場に勤務。その後は、調理場に立つ機会の多い父親の6代目・徹氏に代り、経営と営業に携わる。平成28年（2016）、創業150周年のこの年、7代目社長に就任。

企業DATA
社　　名：有限会社吉宗（よっそう）
創 業 年：慶応2年（1866）
住　　所：長崎県長崎市浜町8-9（吉宗本店）
電　　話：095-821-0001

創業者の吉田宗吉信武は四国伊予藩（現・愛媛県）の藩士であったというが、長崎にあった肥後藩邸に出入りするうちに、茶碗蒸しのおいしさに魅せられ、当時、魚問屋などが集まり賑やかだった長崎市万屋（よろずや）町（現・浜町）に、自ら『吉宗（よっそう）』の屋号で店を構えたのだと伝わる。
「簡単でおいしいものを忙しい人たちに出せないか。卵料理なら栄養もある」と工夫し、お膳に、茶碗蒸しだけでなく、酢飯の上に蒸し穴子の蒲焼、魚のそぼろ、卵焼きをのせた蒸寿しを添えた。

創業時は屋台からのスタートだったと伝え聞いています。お酒を出したあと、締めの食べ物として考案したのがどんぶりに入った茶碗蒸しだったようです。

いまの当店の茶碗蒸しの具材は、アナゴやエビ、鶏肉のほか、シイタケ、キクラゲ、ギンナン、タケノコ、カマボコ、麩（ふ）など山海の幸が入り単品の値段は七七〇円（税込）です。蒸した酢飯「蒸寿し」とセットにした「夫婦蒸し」だと、お一人様一三七五円（税込）です。この組み合わせは創業当時の屋台のころのメニューと同じです。

当店では一五〇年余りが経った今日まで、その味を守り継いで提供しています。

創業者の吉田宗吉信武

蒸寿しとセットにした「夫婦蒸し」

フグやアラといった高級魚も仕入価格が今ほど高くなかった時代には材料として使っていたこともありましたが、当店のモットーは安価でおいしいものを提供することであり、目指しているのは〝大衆食堂〟なのです。

昭和二年建築の趣を残す本店

本店は、昭和二年（一九二七）、二代目・大造と三代目・宗次の時代に建築されました。平成二四年（二〇一二）には八五年ぶりに大改修し、歴史的建造物とも言える趣ある建物の外観は残したままリニューアルオープンすることができました。リニューアルに際しては、長崎町家の伝統的意匠である中庭を再現したことなどもあって、「長崎都市景観賞・奨励賞」をいただきました。

昭和二年に本店の建物が完成した当時、マキが燃料のかまどでは、一度に調理できる数には限界がありました。そこで、ドイツ製の大型石炭ボイラーを導入したといいます。このボイラーの導入で、大量の茶碗蒸しを同時に調理することが可能となったということで、出前専門の自転車部隊を発足させることになります。当時、一〇～一五台の自転車がフル活動していたと伝わっています。

出前は当店の大きな特徴となっており、軽バン一五台を使って配達する今日では、出前のエリアも長崎市

建築当時の本店（昭和２年）

内のほぼ全域に広がっています。また、この出前でのサービスに加えて、茶碗蒸し、蒸寿しのほか、角煮包み、豚の角煮、風味佃煮・お多福豆といったオリジナル商品のオンラインショップでの販売もあって、コロナ禍で飲食業には厳しい環境ではありますが、幸い当店の売上げは大きく落ち込むこともなく推移しています。

太平洋戦争末期の昭和一九年から数年間、戦争の影響による食材の不足などもあって、休業を余儀なくされた歴史が残る。「本店の建物は、戦時中は海軍の宿舎として使用され、戦災で焼けることもなかったので、戦後はGHQのダンスホールとして使われていたと聞いています」と吉田宗由さん。三代目・宗次が、戦地から帰員した息子で四代目・順彦と一緒に現店舗で営業を再開したのは、昭和二五年のことである。昭和四〇年には、創業一〇〇周年を迎え、記念事業として、「謝恩演芸会」を昼夜二日間四回の公演で開催。会場となった長崎市公会堂は、招待客で満席の大盛況であった。

老舗としての信用と進化

昭和四五年(一九七〇)には、東京・銀座の長崎センタービル地階に、県外進出第一号店として、『吉宗東京店』をオープンしました。この店は、その後、独立した別法人となり、私の祖父で四代目・順彦の弟の親族が経営を引き継いでいます。

昭和四九年には、福岡市の博多駅前新三井ビル地階に、『吉宗博多店』をオープンさせたのですが、平成一三年(二〇〇一)、このビルが全面改装工事に入った際に退店しました。

すでに二〇年以上が経っているのですが、今でも福岡市に行くと、「博多店で食べたことがある。懐かしい」

と言っていただくことも多い。メニューは「茶碗蒸し」と「蒸寿し」と「ばってら」だけという小さい店でいいので、福岡市内にぜひ再度出店したいという気持ちはあります。そのためには、まずは任せられる人材の育成だと考えています。

とはいえ、制約が多いテナントとしての出店は避けたいという思いがあります。可能であれば、土地、建物を購入して、当店のイメージに則した、長崎町屋の伝統的意匠である中庭があるような店舗をつくってオープンさせたいというのが、私の希望であり夢ですね。

平成元年、贈答用として卓袱料理の「角煮」の販売を始めた。その後も、冷凍の茶碗蒸しや冷凍の蒸寿しなどを開発して発売した。平成六年、本店に隣接する長崎を代表する繁華街である観光通りの一角にお持ち帰り処「観光通り店」を開店。平成一三年には、長崎駅前アミュプラザ内におみやげとお持ち帰り処を開設している。

リニューアルした本店では、注文を取る際にはPOSレジを導入しています。また出前もオリジナルのシステムをつくってIT化を図っています。進化できるところは積極的に推進するというのが、私の方針です。私は結果がすべてだと考えていますので、前に進むだけですし、時代に沿った施策をやれていると自負しています。

「伝統とは何か」を考えることがあります。昔からのことをやり

建築当時の本店内（昭和２年）

続けるということは自己満足かもしれませんが、伝統とは続けることです。だからこそ、「売りかた、やりかたを時代に応じて変化させながら、続けていくことが伝統である」と思っているのです。

長崎市内では、昭和三四年、長崎市制施行七〇周年記念を祝い発足した、当時「七〇年以上の伝統を持つ」老舗が集まり、永年培った〝のれん〟に対して、それぞれの信用と職域を通じ、連合してその名声を高めるために結ばれた組織「長崎しにせ会」が活動する。

現在は、「寛永年間より大正にかけて長崎で創業し、一〇〇年以上の業歴を有する店」で構成されおり、加盟店の創業は慶応年間以前が「吉宗」など一七社、明治年間以降が二四社となっている。ちなみに、最長老格は寛永元年（一六二四）創業の「カステラ本家 福砂屋」である。

最期に食べたい「吉宗茶碗蒸し」

「お客さんは地元の人か、それとも観光客なのか」という質問ですが、確かに週末の土日はカステラのおみやげ袋を抱えた方も多いと思います（笑）。ですが、私はあくまでメインを地元長崎の方々だと考えています。皆さんが好きな卵料理ですし、慣れ親しんだ味を祖父母から孫世代まで一つのテーブルを囲み「茶碗蒸し」を食していただく光景を目にすると、私もうれしくなりますね。

本店では、茶碗蒸しメニューだけでなく、「幕の内」や「特製ばってら」などの寿司類も提供する。「当店の幕の内は、三代目宗次の夫人、私にとっては曾祖母が、京都ふうに習い、戦後、長崎で紹介したといいます。

そういう意味で、当店は長崎の幕の内の発祥の店でもあります」（宗由さん）。
出前は、誕生日、入学、卒業、あるいは還暦など、各種の祝いごとの料理から、法事関連の料理まで受け付けている。

創業以来提供している「茶碗蒸し」と「蒸寿し」が、長崎の人々に愛されたからこそ、『吉宗』は一五〇年以上の長きにわたってこのまちで商売を続けることができているのだと考えています。

これは私が大学生時代の話ですが、長期の休暇には帰省して出前の手伝いをしていました。ある日、近くの病院から注文がありました。ホスピスの入院患者さんが、「最後に『吉宗』の茶碗蒸しが食べたい」と希望されたというので、ご家族の方が担当医の許可をもらって注文されました。「この世で最後に食べたい一品」として当店の茶碗蒸しを選んでいただいたのです。感激ですよね。こういった例は、この一件だけではなく他にもありました。

そういう意味でも、初代宗吉から七代目である私の代まで「一子相伝」の味として伝わってきた「茶碗蒸し」への思いとその味をこの長崎の地で後世に残していかねばならない、という気持ちは強いですね。

◆

〈主な参考資料〉
「長崎しにせ会」ホームページ（http://www.shinisekai.com/yurai.htm）

（「西日本文化」二〇二一年四月発行）

井上酒造

水郷・日田で二〇〇年余り新生面拓く〝極小造り〟

四八歳で帰郷し、蔵人となる

幼いころの思い出ですが、清酒蔵の奥から何ともいえぬ心地良い香りが漂っていました。私はいま、杜氏として「あの香り」を追い求めて酒づくりに励む日々を送っています。

井上酒造の創業は、江戸時代後期の文化元年(一八〇四)にまでさかのぼる。庄屋として栄えていた井上家の二男・徳二が日田(ひた)盆地の寒冷な気候と英彦山の伏流水を生かし、造酒屋を開いたことに始まる。「徳二は書などで使う雅号(がごう)として『百助』を名乗っており、私の名前『百合』はこの百助からもらっています」

経営理念には、「品質」「伝統」「革新」を掲げる。「品質を

◎語り人
代表取締役社長　井上百合さん(いのうえ・ゆり)
◎プロフィール
昭和40年(1965)3月、日田市生まれ。大分県立日田高校―京都・池坊短期大学卒。協和発酵工業株式会社(現・協和キリン)福岡支店に3年間勤務後、結婚し退職。夫の東京勤務とともに上京する。平成26年(2014)3月、長女の成人を機に井上酒造の後継者になるべく帰郷、専務となる。平成30年10月、社長就任。7代目当主。

企業DATA
社　名:株式会社井上酒造
創業年:文化元年(1804)
住　所:大分県日田市大字大肥 2220-1
電　話:0973-28-2211

第一に考え、安全安心の酒づくりに努め、伝統を大切にしつつ新しいことに挑戦する企業を目指しています」
明治四一年（一九〇八）から販売し、代表銘柄である清酒「角の井（かくのい）」に加え、平成一六年（二〇〇四）に創業二〇〇年を記念して販売開始し、同二一年からは熊本国税局酒類鑑評会で一〇年連続〝優秀賞〟を受賞している本格焼酎「初代百助」と、同二八年に新たに販売を始めた清酒「百合仕込み」が、この蔵の三本柱となるブランド商品である。

後継者になるべく帰郷したのは、平成二六年春のことでした。私は四八歳になっていました。二人姉妹の長女として小さいころからこの蔵を継ぐ意識はありましたが、福岡で就職したあとに結婚、夫の転勤を機に上京し二〇年以上、専業主婦としての生活を送っていました。

当社を継いだ背景には、二〇歳を迎えた娘から「今まで育ててくれてありがとう。これからママの人生を歩んでいいと思う。いま、日田に帰らなかったらきっと一生後悔すると思うよ」と言われたからです。子育ては人格を育てる大切な役割を担っているとの思いで、一生懸命に娘と向き合ってきました。その娘が成人を迎えたその日、母親である私に人生のアドバイスをしてくれました。

女性杜氏として、挑戦の日々

「麹（こうじ）」は米のでんぷんを糖に変え、「酵母」は糖を取り込みアルコール発酵する。それを搾（しぼ）ることによって日本酒は生まれるのですが、麹と酵母の違いも分からない私は、焼酎、清酒、詰口、営業の順で現場を経験することから始めました。

その後、当時、東京にあった独立行政法人「酒類総合研究所」の研究生となり、清酒製造を一から学びました。期間は二カ月と短期でしたが、講義内容は製造技術に留まらず、酒税法や官能評価、(1)瓶詰作業など多岐にわたるものでした。研究生は全国から集まっており、何よりもこのときにできたネットワークはいまでも私の大きな財産となっています。

研修を終えたあとには、人気の日本酒「香露（こうろ）」の醸造元（熊本市）で修業を積みました。この蔵は、香りが高く、発酵力も強いうえに扱いやすいという特徴のある「熊本酵母」を維持・管理する研究機関の顔も持っています。

現在、清酒の女性杜氏は大分県内では私だけです。何ごとも挑戦。勇気を出して一歩を踏み出すことからすべてが始まるのだと思います。

帰郷の際の井上準之助（前列中央、昭和4年）

井上家三代目・初太郎は男五人、女二人の七人兄弟の長男で、明治二年（一八六九）生まれの末弟・準之助は、日本銀行の第九代、第一一代総裁である。城山三郎の小説『男子の本懐』のモデルともなった準之助は、関東大震災の恐慌や金融恐慌を乗り切り、金融の天才とも称された高橋是清（第二〇代総理大臣）と並び、財政の第一人者とみられるようになり、昭和四年（一九二九）発足の民政党・浜口雄幸内閣では、大蔵大臣に就任している。

井上準之助は金輸出解禁と併せて財政緊縮を中心とするデフレーション政策を断行するが、このことが軍部と右翼の反感を買い、昭和七年、東京・本郷に総選挙の応援演説に行く途中凶手に倒れ、六三歳の生涯を終えている。

「煙突」、「清酒蔵」とともに国の登録有形文化財に指定されている「母屋」はいま、準之助の遺品資料館『清渓文庫』として公開される。ちなみに、「清渓」は、準之助の雅号である。

「経営の見える化」で経営を改善

帰郷当初、資金繰りの状況を知るなかで、早急に経営改善に取り組むことの必要性を感じました。そのためには、数字をベースとした「経営の見える化」を図ることが重要だと思いました。そこで、平成二七年（二〇一五）からは、地元の大分銀行などが出資する大分ベンチャーキャピタルに支援と指導をいただきながら、新たな経営計画の策定に着手しました。

策定にあたっては製造から販売まで、一連の業務の問題点を社員と一緒に洗い出し、改善策を立案したという。

「利益率の低いプライベートブランド（PB商品）を数多く製造し、二五〇種類を超える商品を扱うといった当社の〝弱点〟や〝無駄

昭和 12 年築の木造酒蔵

な作業〟などが浮き彫りとなりました。そこから利益率の高いナショナルブランド（NB商品）の拡販と認知度の向上を目指し、取り組むべき方向性を定めることができたのです」

「経営の見える化」の一環として、社員に対して決算書など経営状況の開示も始めている。

「経営者と社員は運命共同体です。財務状況や販売実績を説明することは、経営の透明性を高めますし、経営課題の共有や社員のモチベーション・アップにつながると考えたからです」

経営計画の策定において、生産性の向上が大きな課題でした。作業工程を見直すと無駄な作業が多いことに驚かされました。改善のため、生産活動の効率化と安全・環境改善を目的とする5S活動（整理・整頓・清掃・清潔・躾（しつけ））を専門家のアドバイスを受けながら実施。まず不要品・不急品の処分・整理や表示を徹底しました。

清酒蔵を見学されたお客さまからは、「作業場がきれいで感動した」というお声をいただくようになり、現場は物言わぬ営業マンだと実感したしだいです。

5S活動は仕事の基盤づくりであり、社員が考え行動する第一歩ではないかと思っています。

三本目の柱ブランドを開発

企業経営で大切なことは継続することですが、時代のニーズに合わせて進化し続けなくてはなりません。今後の発展には他社との差別化を意識したオリジナル性の高い、こだわりのある清酒を開発し、商品ラインナップに加えることが重要だと考えました。そして開発に取り組んだのが、平成二八年（二〇一六）から販売を始めた純米吟醸酒「百合仕込み」です。

コンセプトは、「日田の蔵人が、日田の米で、日田の酒をつくる」。社屋の道向かい前の二反一畝（約二一アール）の自社水田に仕込み水を流し込み、自ら酒米を育て、〝極小造り〟に挑戦しました。

造りにおいて苦労した点は、既存の設備では大き過ぎることでした。製麹（せいきく）作業では、試行錯誤を重ねた結果、広い部屋での乾燥を防ぐため、蒸し米をバケツ容器に入れ密封保存する方法で決着しました。

また、酒母（しゅぼ）は外気の影響を受けやすく、温度管理がたいへんにむずかしいものです。品温低下の対策として既存の電気コードを巻いたら、長いコードがずり落ちて束となり危うく発火するところでした。そこで、電気毛布を巻く案を採用。今も優しく醪（もろみ）を温めてくれています。

みんなで創意工夫を凝らし積極的に取り組む過程はじつにおもしろく、達成感は製造チームの協力関係を強くしていきました。

こうして生まれたお酒は、代表銘柄である淡麗辛口の「角の井」とは一線を画し、酸味と甘みが融合したパンチのある個性的な味わいです。米の旨味をしっかりと感じることができる最高の食中酒に仕上げています。

「百合仕込み」はいま、温泉地・別府を代表する高級ホテル「ＡＮＡインターコンチネンタル別府リゾート＆スパ」でコース料理のペアリングとして提供されている。さらに、令和四年（二〇二二）一〇月からはＪＲ九州「ななつ星」列車での採用も決定した。

「『ななつ星』車内の盃のプロデュースも担当させていただき、日田の小鹿田（おんた）焼を提案しました。同じ風土で育まれた清酒と盃は相性抜群で、お酒の香りがより引き立ち口当たりもしっくりきます」

「大は小を兼ねる」ということわざがありますが、酒づくりでは「大は小を兼ねない」と思っています。一時期六〇〇〇石（一石＝一八〇リットル、一升瓶で六〇万本分）を製造していましたが、現在は六〇〇石と一〇分の一にまで減少。帰郷した当初は、これが弱みだと感じていました。

しかし、小規模であるからこそ「百合仕込み」のような大手には真似のできないこだわりの酒がつくれます。何より小回りが利き、お客さまとのつながりを深め、きめ細かな対応も可能となるのです。「大は小を兼ねない」利点を十二分に生かし、量は少なくともキラリと光る商品づくりに取り組む。蔵元は地域とともにあるべきで、地域農業や地域社会に貢献することが重要だと考えています。

「九州北部豪雨」の被害を乗り越え

帰郷した翌々年の、平成二八年（二〇一六）四月の「熊本地震」では清酒蔵も揺れた。平成二九年七月の「九州北部豪雨」では、資材倉庫付近の被害が最も大きく、清酒蔵は浸水し貯蔵タンクも濁流にのまれたが、早々に復旧作業を開始したという。

豪雨で蔵が浸水するなど、たいへんな被害を被りました。その際、一番先に思い浮かんだのは、社員一人ひとりの顔であり、その家族のことでした。何としても彼らの人生を守り抜くのだと思うと落ち込んでいる暇などありませんでした。

社員たちのモチベーションを維持するためにも、一本でも多く出荷したかったので、出荷を止めないため、作業は清掃と出荷の二班に分け、最終的には、酒瓶四〇〇〇本を破棄し、段ボール箱も処分しました。

どのような状況下でも一度も挫けたことはありません。伝統をつなぐために覚悟を決め故郷に戻ってきたのですから、何が起ころうとも決して諦めないと心に誓い、みんなで励まし合いながら前向きな気持ちで災害を乗り越えました。

豪雨の際、近所のご高齢の女性が「酒蔵に避難させてほしい」と訪ねてきました。一晩一緒に過ごすなかで「井上酒造のお酒は、嬉しいときも悲しいときも私たちの傍らにありました」と話してくださいました。

道路からはやや高台にある清酒蔵は昭和の初めに棟上げされています。材料のスギやマツは井上家が所有する山林から原木を切り出したものです。屋根天井の梁には、建築に関わった地域の大工さんや蔵人たちの名前が墨文字で書かれています。

清酒蔵の一角に、空調設備を整えることで年間を通して日本酒づくりができる四季醸造蔵がある。六代目・幸一氏が、東京オリンピックが開催された昭和三九年（一九六四）に完成させた蔵で、このような施設は、まだ国内では珍しかった。

昔は地域の方々とともに酒米を育て、酒をつくっていました。皆様に助けていただき二百余年の歴史を刻んできたといえます。蔵元は酒をつくるだけではなく、地域のよりどころであったことに改めて気付かされました。何としてもこの蔵を守り続けていきたいとい

木造酒蔵の建築作業風景（昭和 12 年）

う思いがよりいっそう強くなりました。

令和元年（二〇一九）、井上社長は、ロシア・サンクトペテルブルクで開催された「日露クリエイティブ経済フォーラム」に二〇〇年以上続くローカル企業の代表として招待され講演、「酒づくりは、つくり手の個性だけでなく、その風土や原料の米、水も反映する」という日本酒の文化を伝えた。

「日本酒の歴史は、二〇〇〇年前に稲作が日本に伝わったのと時期を同じくしています。神様に捧げるために酒はつくられてきました。日本酒の歴史は、『国酒』の歴史でもあったのです。日本酒をつくることは文化をつないでいるのだとの気持ちを持っています。そして、講演活動は故郷・日田への地域社会貢献です」

6代目当主・井上幸一（右から5人目）

良好な経営状況で次の代に

令和元年（二〇一九）末から世界中で流行する新型コロナはいまだ終息していませんが、消毒用のアルコールが足りなくなった時期がありました。日田医師会の会長から、「もし製造したら分けてほしい」との依頼があり、社員に相談すると「つくって寄付したい」との意見が出ました。

最短で蒸留できるのは、清酒蔵の隅に眠っている一七年物の焼酎。みんなで相談し、六六度の消毒液にして寄付することができました。アルコール業界が医療業界に役に立てる日が来たことは、当社にとっても新たな分野への〝希望の光〟となりました。

近年、若者層のアルコール離れがいわれるが、国税庁の令和二年度調べ（沖縄県を除く）によると、二〇歳以上の一人あたりの酒類消費数量は七五リットルで、平成四年（一九九二）のピーク時（一〇一・八リットル）に比べると約二六％の減少である。

日本酒に限ってその国内出荷量を見ると、ピーク時の昭和四八年（一九七三）は一七〇万キロリットルを超えていたというが、ビールやワインなど、ほかのアルコール飲料との競合などもあって減少傾向で推移し、加えて新型コロナウイルスの影響を受け、多くの飲食店が休業を余儀なくされたこともあり、令和三年には約四〇万キロリットルにまで減少している。

日本酒をつくる蔵元を取り巻く社会・経営環境が年々きびしくなるなかで、平成一二年に全国で約二〇〇〇軒あった酒蔵は、現在は約一二〇〇軒にまで減少し、廃業も増えているというのだ。

「日田市内でも最盛期には八蔵ありましたが、いまは三蔵が残っているだけです」

里山に囲まれた井上酒造

東京で医師をしている娘が、「将来は井上酒造を継ぎたい」と言ってくれました。留学先の英国の大学ではバイオメディカルサイエンスを専攻しており、生物と科学という点ではあながち外れていない気もしています。娘が日田に帰るのは三〇年以上先になるでしょうから、私としては、「体調管理を徹底し、元気で長生きせねば」という強い思いがありますね（笑）。医師としての務めを果たし帰郷した娘に少しでも良好な状態でバトンを渡したい。伝統の継承に使命感で充実しています。

◆

注

（1）人の五感（視覚、聴覚、嗅覚、味覚、触覚）を使って物の特性や製品の品質などを検査・評価する方法

〈主な参考資料〉

「おおいたの経済と経営」（大分銀行経済研究所発行　二〇二〇年六月）

Web マガジン「Hint-Pot」（株式会社 Creative2　二〇二二年三月二七日・四月三日）

「日本酒をめぐる状況」（農林水産省農産局　二〇二二年五月）

（「西日本文化」二〇二三年一月発行）

東筑軒

"一子相伝の味"受け継ぐ「折尾名物 かしわめし」

創業から一〇二年の歴史

「折尾(おりお)名物かしわめし」で知られる当社ですが、大正一〇年（一九二一）七月、弁当業者「筑紫軒」として創業し、折尾と直方(のおがた)両駅構内で立ち売りでの販売を始めています。昭和一七年（一九四二）五月には、戦時国策によって弁当業者の整理統合が行われ、折尾の眞養亭、吉田弁当、直方の東洋軒と合併して、新たに「東筑鉄道構内営業有限会社」が発足しました。その後、昭和三〇年十二月、株式会社に改組するのですが、この際に現社名の「東筑軒」となっています。

令和四年（二〇二二）は日本に鉄道が開業して一五〇年の記念すべき年であったが、鉄路の旅に欠かせない駅弁が

◎語り人
代表取締役社長
佐竹真人さん
（さたけ・まさと）
◎プロフィール
昭和32年（1957）6月、北九州市生まれ。日本大学法学部卒。大阪のアパレル業界で働いたあと、29歳で父・晃氏が社長を務める東筑軒に入社。取締役総務部長などを経て、平成24年（2012）、代表取締役社長に就任。副社長の佐竹毅氏は実兄である。

企業DATA
社　名：株式会社東筑軒
創業年：大正10年（1921）7月
住　所：福岡県北九州市八幡西区堀川町4-1
電　話：093-601-2345

いつ、どこの駅で生まれたのかについては、諸説ある。その一つは、明治一八年（一八八五）、栃木県・宇都宮駅の開業時に、地元の旅館が胡麻（ごま）をまぶした梅干し入りおにぎり二個にたくあんを添えて竹の皮で包み、五銭で売ったと伝わる。

「大正初期、国鉄の門司運転事務所所長をしていた本庄巌水（いわみ）は、各地を旅した際、駅弁が画一化していることを痛感。郷土色を生かした駅弁づくりのため、大正一〇年に折尾駅で『筑紫軒』という弁当屋をはじめる。」（東筑軒ホームページより）

大正一〇年当時の折尾駅はといえば、鉄道三線が乗り入れる交通の要所であった。折尾駅の開業は、明治二四年二月の九州鉄道（現・JR鹿児島本線）にまでさかのぼる。この二年前、博多駅—千歳川仮停車場（久留米駅の開業に伴い廃止）間を開通させた九州鉄道が、その路線を門司駅（現・門司港駅）にまで延伸させている。

また、同年八月、石炭輸送の産業鉄道として若松—直方間を結ぶ筑豊興業鉄道（現・JR筑豊本線）が開業。明治二八年には、両鉄道の乗り換えの利便性を改善するため、現在地に二社共同の新・折尾駅が完成した記録が残る。一階は筑豊興業鉄道の駅舎、二階は九州鉄道の駅舎で、日本初の立体交差駅であった。さらに大正三年、門司—折尾間に走る九州電気軌道（のちの西鉄北九州線）の折尾停留

駅弁「折尾名物　かしわめし」

場も開業。乗換客の増加に伴い駅舎設備が手狭になったことを受けて、二年後の大正五年、木造二階建ての駅舎が完成している。

駅弁メニューに「かしわめし」を選んだ理由ですか？　諸説ありますが、創業当時の駅弁といえば、「幕の内」が主流でした。そこで売り出したのが、鶏肉を好んで食べるという地域の特性を活かし、鶏などの具材を入れて混ぜ込んだ弁当でした。でも、日持ちしません。食中毒の心配もありました。研究に研究を重ねたといいます。その結果が現在の「かしわめし」になったと聞いていますね。

〝こだわり〟詰まった駅弁づくり

水炊きなどの鶏肉料理を参考に開発したという鶏スープの炊き込みご飯の上に、甘辛く味付けた鶏そぼろ、錦糸卵、のりを載せた「折尾名物かしわめし」は、創業時代から守ってきた伝統の味です。この駅弁には、当社の〝五つのこだわり〟を詰め込んでいます。

まず一つ目はお米です。九州・山口産を使っています。

二つ目が冷めてもおいしく食べられること。丁寧に煮出した鶏ガラスープや、独自の調味料で炊き上げることで、これを実現しています。

昔ながらの味を受け継ぐ

炊き込みご飯の味付けは、創業者の妻・スヨが開発したその味が、門外不出の〝一子相伝の味〟として代々女性のみに受け継がれています。現在、この秘伝の味づくりは、工場長を務めた本庄正道副社長の奥さんが受け継いでいます。

三つ目は鶏肉です。鶏肉は、飼育日数が長いほどうまみが増すと言われていますので、当社では、通常より長く飼育された鶏を使用しています。噛めば噛むほどに味わいがあり、鶏本来のうまみと歯ごたえがある鶏肉を細かく刻んで入れることで、やわらかさより歯ごたえを追求しています。

四つ目は折箱で、経木（きょうぎ）（スギやヒノキなどの板を紙のように薄く削ったもの）を使用しています。昔ながらの木製折箱は、他の密閉型食品容器と比べて、食品の鮮度保持力が高いことにその特長があります。通気性に優れ食品の水分を吸収する性質があり、さらに木が本来持っている抗菌作用が働くため、食品の鮮度を保ちます。それにより、四季を通じて料理をおいしく、安全に食べることができます。薄い木の蓋を取ると、ほのかな木の香りとかしわめしの甘い香りが広がり、旅ごころを高揚させてくれますよね。また木にはご飯の水分を吸ってくれる効果もあり機能的です。

そして五つ目が、折尾駅の名物でもある駅構内での立ち売りです。立ち売りは全国でも数少なくなっていま

昔の「眞養亭」の社屋（場所は現在の本社所在地、昭和初期）

す。列車の高速化に伴い昔のように窓から販売することはできなくなりましたが、古き良き時代の情景を残したいとの思いでがんばって続けています。

駅構内での立ち売りの最盛期ですか？　昭和二〇年代、石炭産業がまだまだ盛んだったころが最盛期だったと聞いていますね。多いときには、売り子さんも二十人前後いたようです。売り子さんの手当は歩合制だったため、お客さんを奪い合うようにして売ったようです。折尾駅だけでも、一列車で約四〇個、一日だと一〇〇〇個ぐらい売れたといいます。盆と正月の繁忙期には、二時間で一〇〇〇個以上売れたという逸話も残っています。

「折尾名物かしわめし」は現在、折尾、黒崎、八幡、戸畑、若松、直方、赤間、福間などのＪＲ各駅のほか、博多駅売店でも販売する。

「折尾駅のホームでの立ち売りは名物だったのですが、駅舎が新しくなり、上りと下りのホームを行き来するのもたいへんになりました。とは言え、以前は複数カ所あった改札口が一カ所になったので、立ち売りは改札前のコンコース内で続けています。立ち売りは駅弁の〝原点〟でもありますから、この販売方法は可能な限りは続けていきたいと思っています」

駅構内以外でも、福岡市の博多大丸や北九州市の小倉井

折尾駅では今でも立ち売りしている（写真は駅舎改築前）

——筒屋に常時出店しているほか、九州各地や大阪、東京のデパートなどでの臨時販売も行っている。

仕出し事業で窮地乗り切る

二年前の令和三年（二〇二一）には、創業一〇〇周年を迎えました。創業月である七月中は、「折尾名物かしわめし」を、創業当時の懐かしい掛け紙（二種類）で発売しました。あわせて、この復刻したかしわめしに信楽焼の汽車土瓶をセットし、一二〇〇円（かしわめし小）と、三〇〇円（同大）で販売しました。オンラインショップ限定で販売した記念丼ともども、たいへん好評をいただきました。

新型コロナウイルスの感染拡大で、人の移動が制限され、駅や鉄道の利用客などが大きく落ち込むなか、全国の駅弁業者はきびしい立場に置かれました。当社も売り上げの落ち込みはありました。売り上げの軸足を行楽料理、祝事・仏事会席などの仕出しに移していたこともあって、地域のイベントなどが相次いで中止になったことの影響は大きかったですね。

軸足を変えたきっかけですか？　昭和五〇年（一九七五）に東海道・山陽新幹線が博多駅まで開通したことでした。折尾駅は小倉と博多の間の駅ということで、新幹線開通の恩恵を受けることはありませんでした。むしろ、駅構内で弁当を買う方々が今後は減るだろうと予測して、開通以前から仕出し業の取り組みを始めてい

100周年記念で販売された創業当時の掛け紙のかしわめしと汽車土瓶

ました。

最新の冷凍技術を活用した新工場

平成三一年（二〇一九）二月からは、最新の冷凍技術を活用した遠賀工場が稼働を始めています。それ以前は忙しい時期になると、社員は夜一〇時ごろから出勤し、おかずなどの仕込みをして材料を準備、早朝から詰め込み作業をして出荷するという体制でした。

この体制では社員も集まりにくいので、何とか昼間の作業にできないかということでつくった工場です。軌道に乗り、調理を昼間に移行させることができました。

コロナ禍による旅行需要の減少や食材の高騰などで苦境が続く駅弁業界だが、一方でデパートや大型スーパーなどでは目玉催事としてにぎわっている。その先駆けは、昭和四一年（一九六六）に始まり、毎年冬の時期に東京・新宿の京王百貨店で開催される「元祖有名駅弁と全国うまいもの大会」だという。北海道から九州までの製造業者による実演販売と各地から運ばれてくるものを合わせると、その数は三〇〇種を超える。

急速冷凍技術により自動販売機でも販売が可能に

オンラインショップで全国へ販路

令和四年（二〇二二）七月には、直営のオンラインショップを開設しました。炊き立てのご飯を瞬間冷凍した冷凍かしわめしのほか、かしわうどん・そばなどを販売しています。これらのメニューは、折尾駅そばにある本社前に設置した自動販売機でも販売しており、かしわめしの炊き込みご飯は「鶏肉以上にご飯がうまい」と、ご評価いただいています。

九州内で営業する駅弁業者で組織される「一般社団法人九州鉄道営業会」には、現在一〇社が加盟する。佐竹真人さんが会長を務める、この九州鉄道営業会は、社歴が古いところで、中央軒（佐賀県鳥栖市）、人吉駅弁やまぐち（熊本県人吉市）、せとやま弁当（宮崎県都城市）、松栄軒（鹿児島県出水市）などが会員であり、それぞれが地域色豊かなオリジナル弁当を販売している。

また、駅弁購入者の投票によって賞を決める「九州駅弁グランプリ」（投票期間・令和四年一〇月一日～令和五年一月三一日）が、西九州新幹線開業を記念して六年ぶりにJR九州主催で開催された。第一三回目の開催となる今回は、〝一〇〇年愛されてきた名物弁当〟のキャッチコピーで紹介された「折尾名物かしわめし」など五一種類の弁当がエントリーしたという。「当社の駅弁は、特別審査員賞を受賞させていただきました」

東筑軒本社

私で四代目になりますが、〝駅弁という食文化の伝統と役割〟を継承しているという思いは強い。経営を安定させて次世代に渡すためにも、よりいっそうお客さまの声を反映させた商品づくりに取り組み、アイテムも増やしたい。地域の農産物や玄界灘の幸や自然豊かな牛舎で育てられた若松牛などを使った新たなメニューづくりにも挑戦したい気持ちがあります。

ともあれ、かしわめしは各地で販売されていますので、〝一子相伝〟の自慢の味である折尾の「かしわめし」をぜひ全国の皆さんに食べてもらい、その違いを実感していただきたい。そのためにも全国津々浦々にもっと浸透させていきたいですね。

（「西日本文化」二〇二三年四月発行）

おわりに

日本ではいま、少子高齢化によって後継者がいないことや生産年齢人口の減少、ＤＸの推進によって、必要な人材を確保できないなど、中小企業を中心に企業存続に関するさまざまな問題が顕在化しています。

日本の企業存続率は欧米諸国に比べると高い傾向にあるようですが、起業から五年で約八二％、一〇年で約七〇％、二〇年で約五二％とされ、三〇年が分かれ目といわれます。一人の人間が企業のトップとして経営をリードする期間もまた、三〇年程度です。ですから、一〇〇周年を迎えることができる企業のトップの座は、四世代以上に渡って引き継がれたことになります。

帝国データバンク福岡支店調べによると、九州で二〇二三年に業歴一〇〇年以上となった「長寿企業」は、三三七八社にのぼります。創業時期別にみると、江戸時代以前（～一八六七年）は二四〇社で、明治時代（一八六八～一九一一年）が一五九五社、大正時代（一九一二～二六年除く）が一五四三社です。

業種別では、製造業が八六八社（構成比二五・七％）、小売業が七六六社（同二二・七％）、卸売業が六八〇社（同二〇・一％）です。また地域別では、福岡県が一〇五三社で最も多く、熊本県の四九五社、佐賀県の四三五社、長崎県の四二三社、大分県の四二二社、宮崎県の二三九社、鹿児島県の二八四社、沖縄県の二七社と続きます。

コロナ禍もあり、企業のトップに直接会って話を聞くことができず、雑誌寄稿が叶わない時期もあり、『九州の百年企業』の発行から八年が経っての『九州の百年企業Ⅱ』発行となりました。

連載のチャンスをいただいた季刊誌『西日本文化』（一般財団法人西日本文化協会発行）編集長の深野治さん、編集主任の嶋田絵里さん、そして出版にあたりお世話になった海鳥社の原野義行さんに心からお礼の言葉を述べさせていただきます。ありがとうございました。

法師蟬の鳴き声に、
酷暑の夏の終わりと、涼しい季節の訪れを期待しつつ

令和五年（二〇二三）九月吉日

田中滋幸

田中滋幸（たなか・じこう）
昭和27年（1952）佐賀県生まれ。中央大学卒。福岡のタウン誌「月刊はかた」「博多独楽（こま）」の創刊編集長を務める。オフィシャル球団誌「月刊ホークス」など各種雑誌の編集を担当する一方で、『西日本鉄道百年史』『西部日刊スポーツ30年史』『社会福祉法人財団法人済生会　佐賀県済生会創立八十周年記念誌』など社史編集・執筆にも関わる。

九州の百年企業Ⅱ
2023年11月10日　第1刷発行
■
著者　田中滋幸
■
発行者　杉本雅子
発行所　有限会社海鳥社
〒812-0023　福岡市博多区奈良屋町13番4号
電話　092（272）0120　FAX　092（272）0121
http://www.kaichosha-f.co.jp
印刷・製本　大村印刷株式会社
ISBN978-4-86656-151-6
［定価は表紙カバーに表示］